国家社科基金教育学一般课题：中国高校产权制度变迁及绩效优化路径研究（BFA130037）

国家"双一流"建设学科
辽宁大学应用经济学系列丛书
===== 青年学者系列 =====
总主编◎林木西

中国高校产权制度变迁及绩效优化路径研究

Research on the Changes and Performance Optimization Path
of Property Rights System in Chinese Universities

吴云勇 马 会 付 静 著

中国财经出版传媒集团
经济科学出版社
Economic Science Press

图书在版编目（CIP）数据

中国高校产权制度变迁及绩效优化路径研究/吴云勇，马会，付静著. —北京：经济科学出版社，2019. 6

（辽宁大学应用经济学系列丛书. 青年学者系列）

ISBN 978 - 7 - 5218 - 0498 - 0

Ⅰ. ①中… Ⅱ. ①吴…②马…③付… Ⅲ. ①高等学校 - 产权制度改革 - 研究 - 中国 Ⅳ. ①G649. 21

中国版本图书馆 CIP 数据核字（2019）第 078805 号

责任编辑：范庭赫
责任校对：隗立娜
责任印制：李 鹏

中国高校产权制度变迁及绩效优化路径研究
吴云勇 马 会 付 静 著
经济科学出版社出版、发行 新华书店经销
社址：北京市海淀区阜成路甲 28 号 邮编：100142
总编部电话：010 - 88191217 发行部电话：010 - 88191522
网址：www. esp. com. cn
电子邮件：esp@ esp. com. cn
天猫网店：经济科学出版社旗舰店
网址：http：//jjkxcbs. tmall. com
北京季蜂印刷有限公司印装
710 × 1000 16 开 14. 75 印张 220000 字
2019 年 6 月第 1 版 2019 年 6 月第 1 次印刷
ISBN 978 - 7 - 5218 - 0498 - 0 定价：52. 00 元
（图书出现印装问题，本社负责调换。电话：010 - 88191510）
（版权所有 侵权必究 打击盗版 举报热线：010 - 88191661
QQ：2242791300 营销中心电话：010 - 88191537
电子邮箱：dbts@ esp. com. cn）

总　序

　　本丛书为国家"双一流"建设学科辽宁大学"应用经济学"系列丛书，也是我主编的第三套系列丛书。前两套丛书出版后，总体看效果还可以：第一套是《国民经济学系列丛书》（2005 年至今已出版 13 部），2011 年被列入"十二五"国家重点出版物出版规划项目；第二套是《东北老工业基地全面振兴系列丛书》（共 10 部），在列入"十二五"国家重点出版物出版规划项目的同时，还被确定为 2011 年"十二五"规划 400 种精品项目（社科与人文科学 155 种）。围绕这两套系列丛书还取得了一系列成果，获得了一些奖项。

　　主编系列丛书从某种意义上说是"打造概念"。比如说第一套系列丛书也是全国第一套国民经济学系列丛书，主要为辽宁大学国民经济学国家重点学科"树立形象"；第二套则是在辽宁大学连续获得国家社科基金"八五"至"十一五"重大（点）项目，围绕东北（辽宁）老工业基地调整改造和全面振兴进行系统研究和滚动研究的基础上持续进行探索的结果，为促进我校区域经济学建设、服务地方经济做出了新贡献。在这一过程中，既出成果也带队伍、建平台、组团队，使得我校应用经济学学科建设不断跃上新台阶。

　　主编第三套丛书旨在使辽宁大学应用经济学一级学科建设有一个更大的发展。辽宁大学应用经济学学科的历史说长不长、说短不短。早在1958 年建校伊始，便设立了经济系、财政系、计统系等 9 个系，其中经济系由原东北财经学院的工业经济、农业经济、贸易经济三系合成，财税系和计统系即原东北财经学院的财信系、计统系。后来院系调整，将经济系留在沈阳的辽宁大学，将财政系、计统系迁到大连组建辽宁财经学院（即现东北财经大学前身），对工业经济、农业经济、贸易经济三个专业的学生培养到毕业为止。由此形成了辽宁大学重点发展理论经济学（主要是政治经济学）、辽宁财经学院重点发展应用经济学的大体格局。实际上，后来辽宁大学也发展了应用经济学，东北财经大学也发展了理论经济学，发展得都不错。1978年，辽宁大学恢复招收工业经济本科生，1980年受人民银行总行委托、经教育部批准开始招收国际金融本科生，1984年辽宁大学在全国第一批成立了经济管理学院，增设计划统计、会计、保险、投资经济、国际贸易等本科专业。到20世纪90年代中期，辽宁大学已有西方经济学、世界经济、国民经济管理、国际金融、工业经济5个二级学科博士点，当时在全国同类院校似不多见。1998年建立国家重点教学基地"辽宁大学国家经济学基础人才培养基地"，同年获批建设第二批教育部人文社科重点研究基地"辽宁大学比较经济体制研究中心"（2010年改为"转型国家经济政治研究中心"）。2000年，辽宁大学在理论经济学一级学科博士点评审中名列全国第一；2003年，辽宁大学在应用经济学一级学科博士点评审中并列全国第一；2010年，新增金融、应用统计、税务、国际商务、保险等全国首批应用经济学类专业学位硕士点；2011年，获全国第一批统计学一级学科博士点，从而实现经济学、统计学一级学科博士点"大满贯"。

在二级学科重点学科建设方面，1984年，外国经济思想史即后来的西方经济学、政治经济学被评为省级重点学科；1995年，西方经济学被评为省级重点学科，国民经济管理被确定为省级重点扶持学科；1997年，西方经济学、国际经济学、国民经济管理被评为省级重点学科和重点扶持学科；2002年、2007年国民经济学、世界经济连续两届被评为国家重点学科；2007年，金融学被评为国家重点学科。

在一级学科重点学科建设方面，2017年9月，被教育部、财政部、国家发展和改革委员会确定为国家"双一流"建设学科。辽宁大学确定的世界一流学科建设口径范围为"应用经济学"，所对应的一级学科为应用经济学和理论经济学，成为东北地区唯一一个经济学科"双一流"建设学科。这是我校继 1997 年成为"211"工程重点建设高校 20 年之后学科建设的又一次重大跨越，也是辽宁大学经济学科三代人共同努力的结果。此前，应用经济学、理论经济学于 2008 年被评为第一批一级学科省级重点学科，2009 年被确定为辽宁省"提升高等学校核心竞争力特色学科建设工程"高水平重点学科，2014 年被确定为辽宁省一流特色学科第一层次学科，2016 年被辽宁省人民政府确定为省一流学科。

在"211 工程"建设方面，应用经济学一级学科在"九五"立项的重点学科建设项目是"国民经济学与城市发展""世界经济与金融"；"十五"立项的重点学科建设项目是"辽宁城市经济"；"211 工程"三期立项的重点学科建设项目是"东北老工业基地全面振兴""金融可持续协调发展理论与政策"，基本上是围绕国家重点学科和省级重点学科而展开的。

经过多年的学科积淀与发展，辽宁大学应用经济学、理论经济学、统计学"三箭齐发"，国民经济学、世界经济、金融学国家重点学科"率先突破"，由"万人计划"领军人才、长江学者特聘教授领衔，中青年学术骨干梯次跟进，形成了一大批高水平的学术成果，培养出一批又一批优秀人才，多次获得国家级科研、教学奖励，在服务东北老工业基地全面振兴等方面做出了积极的贡献。

编写这套《辽宁大学应用经济学系列丛书》主要有三个目的：

一是促进"应用经济学"一流学科全面发展。以往辽宁大学应用经济学主要依托国民经济学和金融学国家重点学科和省级重点学科进行建设，取得了重要进展。这个"特色发展"的总体思路无疑是正确的。进入"十三五"时期，根据"双一流"建设需要，本学科确定了区域经济学、产业经济学与东北振兴，世界经济、国际贸易学与东北亚合作，国民经济学与地方政府创新，金融学、财政学与区域发展，政治经济学与理论创新等五个学科方向。其目标是到 2020 年，努力将本学科建设成为立足于东北经济社会发展、为东北振兴和东北亚合作做出应有贡献的一流学科。因此，本套丛书旨在为实现这一目标提供更大的平台支持。

二是加快培养中青年骨干教师茁壮成长。目前，本学科已建成由长江学者特聘教授、国家高层次人才特殊支持计划领军人才、"万人计划"第一批教学名师、国务院学位委员会学科评议组成员、全国高校首届国家级教学名师领衔，"万人计划"哲学社会科学领军人才、教育部新世纪优秀人才、教育部教指委委员、省级教学名师、校级中青年骨干教师为中坚，以老带新、新老交替的学术梯队。本丛书设学术、青年学者、教材三个子系列，重点出版中青年教师的学术著作，带动他们尽快脱颖而出，力争早日担纲学科建设。本丛书设立教材系列的目的是促进教学与科研齐头并进。

三是在经济新常态、新时代、新一轮东北老工业基地全面振兴中做出更大贡献。面对新形势、新任务、新考验，我们力争提供更多具有原创性的科研成果、具有较大影响的教学改革成果、具有更高决策咨询价值的"智库"成果。

这套系列丛书的出版，得到了辽宁大学党委书记周浩波教授、校长潘一山教授和中国财经出版传媒集团副总经理吕萍的支持。在丛书出版之际，谨向所有关心支持辽宁大学应用经济学建设和发展的各界朋友，向辛勤付出的学科团队成员表示衷心的感谢！

林木西
2018 年劳动节于蕙星楼

前　言

　　新中国成立七十年来，中国高等教育改革取得了一定的成效，高等教育规模和质量都有了长足的进步，但是距离《国家中长期教育改革和发展规划纲要（2010－2020 年）》提出的建设现代大学制度还相距甚远。本书就中国高校产权制度改革问题进行横向比较研究和纵向内部深入剖析，并提出创新性对策建议，以期对中国高校建立现代大学制度构建略尽绵薄之力。

　　全书可以分为六个部分：

　　第一章绪论部分主要介绍了中国高校产权制度变迁及绩效优化问题提出的背景、核心概念、文献综述、研究意义、研究思路与研究方法等，构建出了全书的整体性研究框架。

　　第二章是对高校产权制度变迁相关基础理论的回顾。由于目前还找不到一个适宜的理论框架对中国高校产权制度变迁及绩效优化进行直接分析，所以，本书对产权理论、产权制度理论、制度变迁理论、交易费用理论、路径依赖理论等相关理论进行了简要的梳理，并由此奠定了本研究的理论基础。

　　第三章是对高校产权制度变迁的理论分析，属于应然分析。在确定高校产权制度变迁的研究范畴基础上，进一步构建出以各项权能权利主体和实际权利进行重新组合划分的高校产权制度变迁理论，并从可分离性、可共享性和均衡性三个方面对高校产权制度变迁的原因进行了探讨性的理论分析，最后通过国家、契约、交易成本与产权权能关系的分析，给出了高校产权制度变迁理论上的优化机理，并据此提出了我国高校产权制度绩效优化的方向。

第四章从实践出发，对中国高校产权制度的变迁情况进行了实然分析。首先，分别对中国公立高校和民办高校的权利束进行了现实剖析，为后续进行阶段划分提供了前提条件；然后，依据权能结构的变化，分三个阶段对中国高校产权制度变迁情况进行了详细分析；再次，重点对中国高校产权制度变迁的现状进行了调查，并详细剖析了中国高校产权制度变迁存在的问题和绩效的影响因素；最后，基于前面的分析，试图探索性地分析出中国高校产权制度绩效进一步优化的关键点。

第五章对美国、英国、日本等发达国家高校产权制度的变革和创新进行了横向比较，并在研究中得出对中国高校产权制度绩效进一步优化的启示。

第六章给出了中国高校产权制度优化路径的应然选择。从宏观优化路径上看，应该重在政策保障，建议从法律保障机制的创新、行政管理体制的创新、法人治理结构的创新、经费保障机制的创新四个方面来实现中国高校的产权制度绩效优化，并进一步指明了现阶段高校产权制度绩效优化的具体政策选择；从微观优化路径上看，应该重在产权重组，重点分析了中国高校产权制度重组的特殊性、障碍性等，并对变迁的模式选择进行了深入的分析。

目 录

第一章

绪　　论

　　产权理论是新制度经济学的核心理论，也是现代经济学的前沿领域之一。在国有企业现代产权制度建立的同时，中国高校也进行了一定程度的产权改革试验，但是，距离现代大学制度还相去甚远，因此，中国应适时引入高校产权概念，建立现代大学产权制度。

第一节　问题提出的背景

　　民办高校的快速发展和公立高校资源配置的低效率是对中国高校产权制度创新问题进行研究的直接动因，高校产权制度变迁是中国高校产权制度绩效问题研究的重要组成。

一、民办高校已悄然崛起

　　1978 年改革开放以来，中国经济得到了迅猛发展，实现了由计划经济向有中国特色的社会主义市场经济的转轨，一批新型行业、新型企业的快速崛起，导致各类人才的需求也迅速增加。与此同时，公立高校人才培养的数量和质量的推进速度却明显相对滞后。1998 年公立高校未扩招前，每年高考后约 1/3 的学生落榜，其求学之路有两条：一是复读来年再考；二是到民办高校完成学业。在这一背景下，民办高校只需提供不低于甚至远远低于公立高校的教学质量，都会获得基本的生存空间。以 1992 年为例，当时全国教育总经费仅占国内生产总值的 2.3%，人均教育经费在全世界排名为第 102 位，大学入学率在世界排名第 91 位。大批青年迫切要求接受高等教育的需求与日俱增，求学者不问质量高低，见高校就上，致使一批办学条件差、管理水平低的民办高校仍可以维系，并在一个低起点、低水平的轨道上运行。其根本原因是高等教育需求方市场拉动了民办高校的发展。那时民办高校发展的迅猛速度可用当时的报道加以佐证："社会办学日益火爆，一天一所学校。"截至2017 年 5 月 31 日，全国高等学校共计 2914 所，其中：普通高等学校2631 所（含独立学院 265 所），成人高等学校 283 所。普通高校中，民办普通本科高校 426 所，专科高校 320 所，合计民办普通高校 746 所，占中国高校总数的 28%（其中本科高校占比为 34%，专科高校占比为23%），详见表 1 - 1。

表 1 - 1　　　中国高校分省（区、市）数量统计表（含本专科）

省 （区、市）	高校数量（所）			民办高校数量（所）			民办高校占比（%）		
	本科	专科	小计	本科	专科	小计	本科	专科	小计
北京	67	25	92	60	16	76	10	36	17
天津	30	27	57	19	26	45	37	4	21
河北	61	60	121	37	48	85	39	20	30
山西	33	47	80	23	42	65	30	11	19
内蒙古	17	36	53	15	28	43	12	22	19
辽宁	64	51	115	41	41	82	36	20	29
吉林	37	25	62	25	19	44	32	24	29
黑龙江	39	42	81	27	37	64	31	12	21
上海	38	26	64	31	13	44	18	50	31
江苏	77	90	167	46	69	115	40	23	31
浙江	59	48	107	32	39	71	46	19	34

续表

省 （区、市）	高校数量（所）			民办高校数量（所）			民办高校占比（%）		
	本科	专科	小计	本科	专科	小计	本科	专科	小计
安徽	45	74	119	30	58	88	33	22	26
福建	37	52	89	22	30	52	41	42	42
江西	43	57	100	24	45	69	44	21	31
山东	67	78	145	44	61	105	34	22	28
河南	55	79	134	38	59	97	31	25	28
湖北	68	61	129	36	51	87	47	16	33
湖南	51	73	124	31	62	93	39	15	25
广东	64	87	151	37	60	97	42	31	36
广西	36	38	74	24	26	50	33	32	32
海南	7	12	19	5	6	11	29	50	42
重庆	25	40	65	17	22	39	32	45	40
四川	51	58	109	35	40	75	31	31	31
贵州	29	41	70	20	35	55	31	15	21
云南	32	45	77	23	34	57	28	24	26
西藏	4	3	7	4	3	7	0	0	0
陕西	55	38	93	34	29	63	38	24	32
甘肃	22	27	49	17	25	42	23	7	14
青海	4	8	12	3	8	11	25	0	8
宁夏	8	11	19	4	11	15	50	0	21
新疆	18	29	47	13	25	38	28	14	19
全国合计	1243	1388	2631	817	1068	1885	34	23	28

注：（1）此表中，将中外合作办学也列入民办高校中了。（2）详见教育部网站：http：//
www. moe. edu. cn/srcsite/A03/moe_634/201706/t20170614_306900. html。（3）民办高校占比是
用相应类别的民办高校数除以相应类别的全国高校数得出。

从分省资料来看，辽宁、吉林、河北、上海、江苏、江西、四川、
广西、陕西、湖北、浙江、广东、重庆、福建、海南这 15 个省市全国

普通民办高校占全国普通高校比重高于全国平均水平，特别是重庆、福建、海南这三个省市民办高校占比超过了 40%，比全国平均水平（28%）高了 10 多个百分点，详见图 1-1。

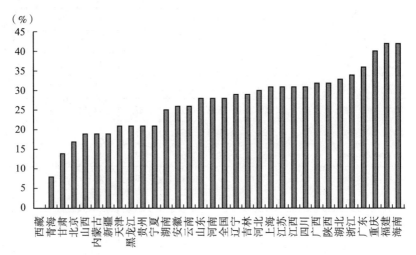

图 1-1　分省（区、市）全国普通民办高校占全国普通高校比重

民办高校不仅发展数量和速度惊人，办学质量也有了显著的提升。相关统计数据显示，民办本科院校注重提升品质，正从"粗放型"向"集约型"转变，涌现出一批具有个性化办学特点、办学质量高的民办高校。而且，从层次上来看，至 2018 年已有 46 所独立学院转设为独立设置民办本科高校。表 1-2 是武书连提出的 2014 年入选中国高水平独立学院的榜单。尤其值得一提的是：2011 年 10 月 18 日，经国务院学位委员会及教育部批准，北京城市学院、河北传媒学院、陕西西京学院、黑龙江东方学院、吉林华侨外国语学院 5 所大陆民办高校已通过教育部审批，正式获得首批民办高校研究生招生试点资格。此举标志着民办高校学历培养层次进一步提升，打破了过去研究生招生由公办高校、科研院所一统天下的局面。

表 1 - 2　　　　　　　2014 年中国高水平独立学院排行榜

排名	校名	得分	毕业生质量排名	教师创新能力排名	教师绩效排名
1	浙江大学宁波理工学院	5	3	1	1
2	浙江大学城市学院	6	1	2	3
3	浙江工业大学之江学院	14	7	3	4
4	北京师范大学珠海分校	19	2	8	9
5	安徽财经大学商学院	23	8	10	5
6	南京大学金陵学院	30	4	14	12
7	浙江师范大学行知学院	32	13	9	10
8	温州大学城市学院	34	21	5	6
9	电子科技大学中山学院	36	24	4	7
10	浙江工商大学杭州商学院	37	5	17	15
11	南开大学滨海学院	42	6	19	17
12	宁波大学科学技术学院	52	19	15	18

说明：武书连提出的 2014 年中国高水平独立学院的标准是：在中国独立学院评价中，同时满足以下 3 项条件的教学研究型独立学院：一是本科毕业生质量居全国独立学院前 25 名；二是教师创新能力居全国独立学院前 25 名；三是教师绩效居全国独立学院前 25 名。按此标准，2014 年共有 12 所独立学院入选中国高水平独立学院。

二、公立高校资源配置普遍存在低效率问题

公立高校资源配置低效率具体表现在以下三个方面：

（一）人力资本利用效率低

中国公立高校普遍存在人浮于事、机构臃肿等现象。在某些私立高校一个人能完成的工作公立高校可能配置 3～5 个人；私立高校一个机构能完成的工作，公立高校却分设成 2～3 个部门。统计显示：2010 年中国普通高校教职工 2156601 人，其中专职教师 1343127 人，仅占全部教职工的 60%，而行政后勤人员高达 40%。2000 年，这个比例正好是

颠倒过来的。从本科院校来看，教职工共计 1548043 人，其中专职教师935493 人，专职教师比例比普通高校水平还要低一些。但从独立学院来看，其教职工共计 175288 人，其中专职教师为 126720 人，专职教师比例超过 70%。正如时任总理朱镕基曾指出的，教育系统"吃皇粮的人太多，特别是后勤行政人员，不改革是不行的"。而要改革，首先要面对的必然是高校的产权制度问题。

（二）物质资本利用效率低

公立高校条块分割的办学体系，造成了部门间资源流动和合作的困难；高校内部"校—院—系"的分级管理体制，使得高校管理体系内部大量物质资本闲置和浪费，设置重复，从而造成了"麻雀虽小，五脏俱全"的状况。世界银行等国际组织曾有过调查分析，数据表明：中国大陆高校教学、实验等场所及设施设备的闲置率竟达到 40%，实际设备闲置情况可能比这还要严重。这就类似于英国"圈地运动"以前的那种状况，即土地草场没有产权私有化，造成资源乱用，羊群随便啃吃，并且只有人使用，没有人治理，导致资源严重浪费。后来英国贵族、地主把土地草场圈起来，变为私有财产，加以治理，牧民虽然一度受到损失，但土地草场都保护好了，治理好了，效益提高了，最终牧民也受益了。中国的公立高校产权目前仍然处在模糊状态下，教育资源同样存在着浪费现象，高等教育资源配置的优化和利用效率的提高急需提上日程。

（三）缺乏有效财务监管

据不完全统计，中国公立高校贷款规模高达 2600 亿元，几乎所有的高校都有贷款。在广东省十一届政协一次会议上，民进广东省委提交大会提案指出：截至 2012 年，50 所省直公办高校贷款 98.69 亿元，每年需向银行支付利息 7 亿元。有关人士指出，沉重的贷款压力，已使很多高校举步维艰，部分高校将因为债务问题而面临破产。然而，很多高校并没有放慢贷款的步伐。有的高校财务负责人甚至坦言："这些钱当初借的时候就没有想过要还。"

可见，中国高校产权问题远比企业产权问题复杂得多。正是在其复杂性背后，隐藏着许多不合理的产权制度现象。无论公立高校还是民办高校都存在产权不明晰、产权结构不合理的现象。这将是进一步深化高校制度创新、创建现代大学制度和发展中国高等教育所必须面对、必须解决的问题。

三、高校产权制度变迁问题研究的重要性日益凸显

在经济得到飞速发展的良好形势之下，中国高校的整体发展水平也在不断得到提高。在此过程中，中国高校的产权结构也正经历着一个逐渐转型的过程，由计划经济时期以公立高校为主旋律的形式，逐步转变为市场经济发展中的公立高校和民办高校并存、共同发展的新形式。而且，当前的民办教育越发具有发展生机，不但其自身发展势头良好，更是得到了国家的重视和各项优惠政策的支持。自《国家中长期教育改革和发展规划纲要》颁布以来，全国民办高校的数量迅速增长，其办学质量也得到了不断的提高。2016 年 4 月在高等教育改革创新座谈会上，李克强总理曾强调，鼓励公办民办各类学校办出特色、分类发展，随后，国务院印发《关于鼓励社会力量兴办教育促进民办教育健康发展的若干意见》，要求对民办学校实行非营利性和营利性分类管理，实施差别化扶持政策，并积极引导社会力量举办民办学校。种种利好政策指向民办高校的发展，这在深层次上也体现出传统的集权式高校产权制度安排，正在逐步向分散化的产权结构发展。不同的产权结构对高校的发展效率会产生不同的影响，集权式和分散式的产权结构所对应的成本投入和效益获得也各不相同。而且，当前无论是公立高校还是民办高校中的产权这一权利束中的各项权能均朝着分散化的方向发展，不同的权能所对应的权利主体不再是单一的，而是以各种形式走向多元化，如此的发展态势也是当前政治、经济发展的体现，高校产权制度变迁实质上已经在悄然进行。由此可见，当前高校产权制度安排正处在一个重组的阶

段，而高校产权制度安排要如何重组，怎样重组才能够使高校产权分配达到更高的水平是一个值得探讨的问题。如若能够找到高校产权制度变迁的发展方向与重组模式，针对高校产权制度变迁过程中所呈现的问题进行理论和实践的研究，对于高校产权制度安排的整体规划会带来更加科学和显著的有利影响，可以促进高校以更少的成本投入，获得更高的综合效益，从而提高高校的整体发展水平，并促使高校教育资源得到更加有效的利用。通过高校产权制度变迁来减少高等教育这一稀缺资源的配置失衡，同时尽量避免出现资源的大量闲置与过度浪费现象。

四、高校产权变迁理论尚需完善

产权本为一种权利束，是由多种权利组合而成，并非是单一的一种权利。因此，对于高校产权制度变迁研究既需要对高校外部产权结构从"集权式"向"分散化"的重组进行分析，也要对高校内部产权结构中所包含的每一种权利的重新组合进行系统的分析。如此系统的分析更有利于使高校产权制度安排找到一个合适的发展方向，促进"产权"这种稀缺资源得到合理的分配。从理论层面来看，"产权"这一概念源于新制度经济学，各领域的研究对于"产权"的重视程度都比较高，而教育领域也逐渐地引入了"高校产权制度"的相关研究，并得出了比较丰富的成果以指导现实中的高校产权发展。但是，当前对于高校产权相关的研究主要是围绕公立高校和民办高校产权制度中存在的问题及对策加以展开，多是针对公立高校或者民办高校的产权制度进行单一的研究，对公立高校和民办高校产权制度变迁相关问题的研究相对较少，尤其是对于"高校产权"这一权利束下的各项具体权能及其相互间的关系与作用的研究更少，这对于高校产权制度安排的系统研究还有很大的发掘空间。另外，当前的高校产权制度研究中多为针对高校产权中直观表现出的问题进行研究，而对于问题产生背后的产权结构安排所存在的实质问题研究相对较少，较少关注在当前的经济、政治背景下，高校产权制度安排结构是否需要重组、如何重组、怎样重组的问题。目前，虽然有些研究成果中有涉及高校产权重组的问题，但是对于高校产权制度变迁的理论支撑尚不够完善，还有较大的研究空间与研究意义，可以对高校产权重组问题进行更加全面和深入的研究。

第二节　核心概念的界定

一、产权

"产权"这一概念的界定存在多种形式，各学科之间对此概念的界定仍存在争辩。通过查阅相关资料可以发现法学和经济学一直存在对产权概念的争辩。法学中的产权概念在《牛津法律大辞典》中的解释为："产权是存在于任何客体之中或之上的完全权利，它包括占有权、使用权、出借权、转让权、用尽权、消费权和其他与财产有关的权利"[①]。而经济学中对产权概念界定的经典理论有两个，分别是我们熟知的马克思的产权理论和以科斯定理为基础的、被广为推崇的西方产权理论。马恩的《德意志意识形态》《政治经济学批判》《家庭、私有制和国家的起源》等多篇经典中都曾大量使用了"所有者""所有权""所有制""私有制""公有制""个人所有制"以及"所有""占有"等基础性概念，因此而形成了马克思的产权理论，以至于连西方学者都不得不承认"马克思是第一位有产权理论的社会科学家"[②]。但马克思的产权理论主要服务于他的革命理论，并未成为经济学中对产权概念界定的主流。经济学中对于产权界定更为推崇的是西方产权理论，主要从新制度经济学的角度来分析产权。1960 年科斯发表的《社会成本问题》一文，是西

---

① 戴维·M. 沃克：《牛津法律大辞典》，光明日报出版社 1988 年版，第 72 页。
② 侯一边：《关于产权理论几个基本概念的探讨》，载《经济问题探索》2001 年第 6 期，第 43～45 页。

方产权理论的开创性经典之作，以研究外部影响为开端，讨论权利的界定、交易费用、产权分配和资源配置效率等关系，后人将其归纳为"科斯定理"，这一重要理论也成为当前经济学派研究产权的重要依据。

在经典理论的指导下，产权理论得到不断的丰富与发展，对于产权概念的界定也在不断发生改变，不同学者依据不同的理论基础给予产权以不同的概念界定。当前中国产权研究较为权威的概念是由国家国有资产管理局在 1995 年提出的：产权是指财产所有权和财产所有权有关的财产权，财产所有权是指所有权人对自己的财产依法享有占有权、使用权、收益权和处分权；财产所有权有关的财产权是指所有权的部分权能和所有权人分离的情况下，非完全所有人对财产依法享有经营权、使用权、采矿权和承包经营权等权利①。由此可见，产权并不是指某一种单一的权利，而是一个权利束，是由多种权利围绕财产权组合而成。

综合来看，可以发现法学和经济学中对于产权概念的界定虽然存在争辩，在表达上存在着一定的不同，但是本质上是趋于统一的，对于产权的研究需要综合法学和经济学相关的研究成果，而在经济学的相关研究之中西方产权理论具有基础性作用。本书对于产权概念的界定，更加倾向于以上提到的国家国有资产管理局提出的概念，产权是指财产所有权和财产所有权有关的财产权所组成的一个权利束，主要包括所有权人依法享有的对财产的占有权、使用权、收益权和处分权。另外，在此还需做出一点说明：虽然产权包括物质产权（财产权）和知识产权，但是由于知识产权具有自身的特殊性，并非本书的研究对象。

二、高校产权的内涵

高校产权与教育产权、学校产权之间有较强的相关性，理解高校产权的内涵可以先从教育产权、学校产权的内涵开始。它们都是非原生性

---

① 王德应：《关于产权概念的比较分析》，载《财贸研究》1996 年第 4 期，第 32～33 页。

的概念，都是从新制度经济学借入的概念，教育产权理论是产权理论在教育领域的具体应用。但是，教育产权绝不仅仅等同于"教育＋产权"，学校产权也绝不仅仅等同于"学校＋产权"。关于教育产权和学校产权的概念，国内已经有诸多学者进行了界定，这些研究主要集中在21世纪的最初十年。

张铁明（2000）认为："教育产权就是拥有已举办的教育机构财产的权利，即人们围绕特定的学校财产而结成的权利关系。"① 他进一步指出，教育机构并不仅限于学校，幼儿园、非学历教育机构、培训机构等也包括在教育机构中。可见，他对教育产权概念的界定不等于学校产权，而是比学校产权这一概念更为宽泛。

杨丽娟（2000）提出了一个狭义的教育产权的定义："主要是指围绕教育资产而形成的学校产权，即对特定学校财产的权利，主要包括参与学校投资、经营和管理的各个活动主体围绕学校的教育财产而形成的所有权、占有权、使用权、处置权及其收益权等权利关系和结构。"她认为学校的财产包括有形资产和无形资产。前者包括学校的土地、校舍、图书资料、实验仪器设备和日常消耗性物品；后者包括学校的环境优势、政策优势、专利权、著作权、版权、土地使用权、科研信息、管理经验、知名度、声誉、形象等②。同时，广义的教育产权还应该包括劳动力产权，既劳动者对劳动这一特殊财产形式的权利组合，因为教育活动的本质是实现劳动力的生产和再生产，是用教师这种现实的劳动力来培养学生的潜在劳动力③。潘懋元（2003）支持这种观点："教育产权有广义和狭义之分，就狭义而言，教育产权即学校产权。"④

---

① 张铁明：《教育产业论》，广东高等教育出版社2000年版，第254页。
② 杨丽娟：《关于教育产权若干问题的探讨》，载《教育与经济》2000年第1期，第3页。
③ 杨丽娟：《关于教育产权的若干问题研究》，博士学位论文，华中师范大学，2000年。
④ 潘懋元：《教育主权与教育产权关系辨析》，载《理论经纬》2003年第6期，第16页。

崔玉平（2000）认为："所谓的经济学意义上的教育产权是指教育产业的参与者对稀缺的教育资源及其经营收益各自享有的包括物权和人身权在内的排他性权利集合。"可见，在这个概念中，教育产权不仅包括教育机构的资产的所有权、占有权、使用权、处置权及其收益权，还包括教育的主权、教师的权利、学生的权利等等。[①] 这种定义基本上把教育产权等同于教育权，是一种更为"广义"的教育产权概念。

潘懋源、胡赤弟（2002）在《民办高校产权制度改革的若干问题》中对学校产权概念的界定为："学校产权是指学校财产权利的总称，是学校各类财产所有权与其派生出的一系列权利的总称。"[②] 他们还进一步指出，学校产权首先表现为物质性财产的产权，主要包括土地、建筑物和仪器设备等的产权；其次表现为大量的无形资产的产权，主要包括社会声誉、办学传统、校园文化和科学研究成果等的产权；再次还表现为教师的教育教学的劳动产权。可见，他们对于学校产权概念的界定较为具体，针对学校产权进行了具体而细致的概念界定。

宁本涛（2003）重点探讨了学校产权。他认为："学校产权就是学校财产权利的简称。学校产权，有广义和狭义之分。广义上的学校产权，是指办学主体包括投资者、举办者、学校法人及学生家长或学生所拥有的与教育活动有关的一系列权利。包括投资者的收益权、办学者（校长、教职工）的教育管理（经费使用权、教师聘任权）的自主权、学校法人的招生权、决策权与控制权等。[③] 在狭义上是指谁最终拥有学校财产（有形与无形）的所有权，学校的财产最终归谁所有，是由学校财产的来源及其性质决定的。"

高金岭（2004）认为教育是一个具有多种指向的既抽象又具体的概念，教育产权的概念界定依托于具体的语言背景。他认为可以将教育

---

① 崔玉平：《高等教育制度创新的新制度经济学分析》，博士学位论文，北京师范大学，2000年，第31页。

② 潘懋元、胡赤弟：《民办高校产权制度改革的若干问题》，载《教育研究》2002年第1期，第27~31页。

③ 宁本涛：《中国民办教育产权研究》，齐鲁出版社2003年版。

产权定义为："参与教育活动的社会各主体对教育活动中既存的和生成的各种类型的财产的所有、占有、处分、收益、使用等各种权利配置结构和关系，其本质是确定基于财产形成的各主体间的权利关系，表达的是教育活动领域中产权各权能拥有者对其财产处分的意志。教育产权反映的是教育领域中各主体围绕着学校财产形成的权利关系，最终表达的是教育活动各主体意志和表现财产的价值。"①

方铭琳（2005）在《民办高校产权明晰的法律保护》中对民办高校产权的概念界定为："民办高校产权是由民办高校的财产所有权、使用权、收益权、处分权和与财产所有权有关的其他财产权所构成的一组权利束。"② 并进一步指出，其基本内容还包括权能和效益两个部分，即产权主体对财产的权力，或者是职能和产权对产权主体的效用以及带来的好处。此概念的界定，虽然定位在民办高校产权，但是与高校产权概念已经十分接近，概念中指出的权利束与权能、效能等概念，对高校产权的概念界定都比较清晰。

王官诚（2008）认为教育产权主要体现的是学校财产所有权，还应该包含个人的财产所有权。个人财产所有权包括人力资本产权和非人力资本产权（如知识产权）。其中人力资本产权主要指存在于教师身体之中，具有经济价值的知识技能、健康等的所有权。因此，他强调："教育产权是指教育出资人拥有教育机构的财产权以及派生的占有权、使用权、支配权、收益权和教育领域内的知识产权、个人财产所有权中的人力资本所有权及其派生的使用权、处置权、收益权和发展权等一系列约定或法定权利组成的权利束，是人们行使这些权利的行为规范；教育产权仍然是一组权利束所映射的复数权利集，它本质上仍然体现的是主体之间的社会经济关系。"③

---

① 高金岭：《教育产权制度研究——基于新制度经济学的分析框架》，广西师范大学出版社 2004 年版。

② 方铭琳：《民办高校产权明晰的法律保护》，载《高等教育研究》2005 年第 8 期，第 57～61 页。

③ 王官诚：《我国教育产权的提出：意义、问题与重组》，载《教育导刊》2009 年第 11 期。

张学敏（2009）认为学校产权是学校财产权利的简称，有广义和狭义之分。在广义上，学校产权是指学校中由物的存在以及关于它们的使用所引起的人们之间相互认可的行为关系；在狭义上，学校产权是指谁最终拥有学校财产（有形与无形）的所有权。它包括学校教育活动和教育管理活动的不同主体基于对特定客体的权利，相互之间发生的各种各样的经济关系。①

靳希斌（2009）认为教育产权是教育范畴内的经济学概念，是指拥有举办教育机构财产的权利，即人们围绕着高校财产所结成的权利关系。教育机构主要是指学校、幼儿园及各种培训机构等。若从实际意义分析，教育产权主要是指学校及其他教育机构的财产权，简称学校产权或教育组织和机构的财产权利；从经济学角度分析则包括学校和教育机构财产的使用权、占有权、支配权、收益权和处置权等。②

王一涛（2009）在《民办高校产权：概念的阐释及分析框架的建构》中，以黄少安对产权概念的界定为依据，给出了他对于民办高校产权的定义："主体对民办高校财产的权利，是人们（主体）围绕民办高校财产这一客体而形成的经济权利关系。"③ 同时他也指出，民办高校产权是关于民办高校财产的权利，也是一种权利束，对于产权的残缺性与主客体要加以明确。这一概念的界定站在经济学的角度加以定义，提出了高校产权主客体的关系，给予民办高校产权一个广义的概念，在一定程度上也可以理解为对高校产权概念的广义界定。

还有的学者认为教育产权这个概念没有必要进行界定。如曹淑江（2001）就曾指出："尽管教育中、学校中产权问题是非常重要的，也是需要研究的，但是并不需要引入一个教育产权的概念，已有的产权概念和理论能够涵盖和解释教育中的问题和现象。不可能再存在单独的教育产权，不需要再引进个人教育财产权，也无法界定所谓的教育财产权。"换言之，

---

① 张学敏、叶忠：《教育经济学》，高等教育出版社 2009 年版，第 254 页。

② 靳希斌：《教育经济学》，人民教育出版社 2009 年版，第 306 页。

③ 王一涛：《民办高校产权：概念的阐释及分析框架的建构》，中国教育经济学学术年会论文集，2009 年，第 7 页。

他认为产权理论实际上是由个人所有权和企业所有权两个基本概念组成，它们构成了完整的产权概念，没有必要再单独设定教育产权的概念。具体说来，教育领域中的产权或者属于个人所有权，或者属于企业所有权。[①]

综合起来，高校产权可以定义为：高校财产权利的简称，广义的高校产权是指参与高校投资、经营和管理的各个活动主体围绕高校财产而形成的所有权、占有权、使用权、收益权及其处置权等权利关系和结构；狭义的高校产权仅指高校财产的所有权，即高校的财产最终归谁所有。[②] 这里提及的高校财产包括三个方面：有形资产，主要是指高校办学的物质基础，包括学校用地、教学楼、学生宿舍楼、实验楼、教学仪器设备、图书馆及图书资料等；无形资产，主要是指高校所拥有的，不具实体，但可构成竞争优势或对教学、科研活动发挥作用的非货币性资产，如高校的办学声誉、知识产权、土地使用权、学风、教育思想、教学特色等；人力资本，主要强调高校中以教师为主体的、以劳动力形式展现的财富，也就是教师人力资本的产权。

高校产权制度是制度化的高校产权关系或对高校产权关系的制度化，是划分、确定、界定、行使和保护高校产权的一系列规则。

三、产权结构

在不同的研究领域，不同的学者对"产权结构"的研究各有不同的侧重方向。在企业产权结构研究中，通常会根据投资主体的不同，将企业产权结构划分为一元产权结构和多元产权结构，即只有一个投资主体的是一元产权结构，有多个投资主体的是多元产权结构。[③] 在农地产

① 曹淑江、范开秀：《也谈关于教育中的产权问题》，载《教育与经济》2001 年第 4 期，第 19 页。

② 吴云勇：《中国高校产权制度创新路径研究》，载《教育研究》2015 年第 8 期，第 49 ~ 53 页。

③ 季晓南：《产权结构、公司治理与企业绩效的关系研究》，博士学位论文，北京交通大学，2009 年。

权结构研究中，产权结构通常是研究农地产权中的不同权利主体和权利束中的各项权利之间的多种搭配组合，主要包括不同类型和不同程度的搭配与组合。[1] 在产权经济学与结构经济学的研究中，也有学者指出从不同的视角考察构成产权的因素，可以得出不同的结构情形，产权结构既可以是构成产权因素的种类和相互间的数量比，也可能是构成产权因素的地位以及其相互间的关系。[2]

通过对产权结构相关概念的梳理，我们发现虽然研究领域不同、研究概念各有侧重，但是各学者对于产权结构的整体把握还是趋于一致的。产权结构主要是一种组合形式，而组合内容主要围绕产权这一权利束的权利主体和各项权利加以展开。既然产权并不是单一的权利，而是一个权利束，那么产权的各项权利自然是可分的，而各项权利一旦可分，其权利主体也就自然会随之发生变化。因此，对于产权这一权利束中的各个权利主体和各项权利就可以按照一定的标准进行分配组合，而对产权进行分配组合之后得到的配比关系即为产权结构。由以上的分析，我们归纳出产权结构的概念是：在其他条件保持不变的情况下，对于同一个产权整体来说，产权中各项权能的权利主体同该产权权利束中的各项权利依据一定的标准进行分配组合，由此所得出的配比关系就是该产权所对应的产权结构。

四、高校产权制度安排

在高校产权制度安排的相关研究中，我们发现虽然有部分文献有涉及高校产权制度安排这一问题，但是却并没有明确的提出高校产权制度安排的概念是什么。从已有的参考文献中通过整理可以发现，多数的学者在对于高校产权制度安排的研究中会对高校的一元产权结构和多元产权结构进行比较分析。而一元结构和多元结构的划分，实际上就是根据

[1] 刘小红：《产权结构、产权关系与制度创新》，南京农业大学博士学位论文，2011 年。
[2] 徐涤非：《产权结构与区域经济增长研究》，吉林大学博士学位论文，2012 年。

产权主体或者是产权投资者是单一还是多个进行的划分。这样的划分在一定程度上来说和其他的产权结构的划分是具有一致性的。虽然高校产权与企业产权、农地产权等具有一定的差异，但是从产权结构的角度来看所遵循的基本原则是总体一致的。但是，高校产权制度安排也有自身的特殊性，它既包括宏观上根据产权主体或者产权投资者是单一还是多个进行划分的高校产权外部结构，也包括微观上根据产权权利束下各权利如何归属与组合的高校产权内部结构。因此，根据高校产权和产权结构的概念进行分析推论，我们可以得出高校产权制度安排的概念。高校产权制度安排包含高校产权外部结构和高校产权内部结构两种结构形式。在其他条件保持不变的情况下，高校产权外部结构是指按照产权主体是单一还是多个，对高校财产的所有权进行划分组合，从而得出公立高校和民办高校的产权组合模式，由此得出的产权组合模式即为高校产权外部结构；产权内部结构是指按照一定的分配标准，围绕高校财产而形成的所有权、占有权、使用权、收益权及处置权等具体权利的各产权主体和权利之间的关系进行分配组合，由此所得出的配比关系是高校产权的内部结构。

五、高校产权制度变迁

高校产权制度变迁的过程就是高校产权结构重组的过程。"重组"一词在新华字典里的解释是重新组合的意思。从字面意思可以看出，"重组"是对事物已有的安排现状进行重新组合，而"安排"是指对事物有条理、有规划、分先后地处置与改造。产权结构重组从宏观意义来看，是对产权结构进行有条理、有规划、分先后地重新组合与改造；从微观来看，是在同一产权整体之中，对各产权主体同产权权利束中的各项权利按照一定的标准进行有条理、有规划、分先后地重新组合与改造，从而形成条理清楚、规划明确、先后有序的产权处置与改造格局。

"高校产权制度变迁"的概念是属于"产权结构重组"的下位概念，其本质上与"产权结构重组"的概念是一脉相承的，但是由于高校产权的自身特殊性,其概念界定也要注意其特有的限制因素。高校产权制度变迁,是指对高校产权制度安排进行有条理、有规划、分先后地重新组合与改造。具体是指在其他条件保持不变的情况下,对高校产权权利束下各个具体产权主体或者产权投资者,按照一定的分配标准,围绕高校财产而形成的所有权、占有权、使用权、收益权及处置权进行有条理、有规划地重新分配组合,此种处置与改造的方式遵循条理明晰、规划准确、先后得当的原则加以展开。我们在本书中所研究的高校产权制度变迁问题主要是围绕高校产权总体的所有权重新组合分配和具体的权利束下各权利的重新组合分配进行深入、具体的研究,从而得出具有针对性的研究结论。

六、高校产权的权能构成

下面再对高校产权中的所有权、占有权、使用权、收益权及其处置权等权利加以说明:

(1)所有权,主要是指高校财产的所有者排他性的实际对高校资产的占有控制权,即高校财产最终归谁拥有。经济学意义来讲,财产的所有权是指在法律允许的范围内,产权主体将财产这一产权客体作为自己的专有之物,对于他人随意加以侵夺予以排斥的权利。也就是说高校财产的所有权在法律允许的范围内,产权主体对于高校财产具有归属和领有的关系,具有一定的排他性。而且在法律允许的范围之内,高校产权主体有权利对于其所有权进行适度的处置与收益。法学角度对于高校产权中的所有权有法律规范意义上的定义,认为财产所有权实质上是狭义的财产权。在《民法通则》的第 71 条中有规定,财产所有权指的是财产所有人依法对于自己所有的财产享有使用、收益及处分的权利。可以说所有权是物权中最重要也是最充分的权利,将物权的绝对性、排他性和永续性的特征进行了完整的呈现。

(2)占有权,主要是高校财产的占有人对高校内物的实际控制和占用的事实状态。一般包括所有者的占有和非所有者的占有。非所有者的占有可以分为合法占有和非法占有。合法占有指高校财产的非所有者依据法律、法规、制度和合同等的规定而占有高校的财产，通常是由高校财产的所有者让渡其占有权而产生。非法占有则是指通过除上述情况外的途径占有，这种占有不被法律所认可。

（3）使用权，主要是指高校产权主体在权利允许的范围内对高等教育资源的使用。一般意义上的使用权，主要是指产权主体在法律允许的范围内使用财产的权利。但是高校产权权利束下的使用权与一般意义上的使用权有着显著的区别，因为高校具有公益性，高校产权的存在也是主要服务于公益性的教育事业，那么高校产权权利束下的使用权就不单单属于产权主体，而是应该包括产权主体、经营者和学校的广大师生。高校产权权利束下的使用权，主要是指产权主体、实际经营者和高校师生在法律允许的范围内，按照一定的规则共同使用高校财产的权利。其中，高校师生对于高校财产的合法使用权是不容逾越的，因为以公益性为基础的高校产权，无论是产权主体还是实际经营者的责任之一就是满足高校师生高效使用学校财产，从而不断提高其发展水平。

（4）收益权，主要是指高校产权主体享有由高校财产的支配使用过程中发生的价值的增值所带来的经济利益。高校通常的主要收益途径来自对物权、债权和知识产权所生孳息，由于高等学校是非营利性的教育组织，因此其并不能将自身的收益进行职工的分红和福利发放，也不能进行非教育事业的相关投入，只能用于学校本身的可持续发展。① 高等学校不能以盈利为目的，并不是说相关权力所有者就丧失了收益权，而是要在国家规定的法律法规、政策文件和相关规定的约束下，在不影响高等学校发展的公益性的前提下，享有一定的盈利权，通过自身的投资而获得适度的收益。

（5）处置权，主要是指高校产权主体在一定的权限范围内，对高等教育资源进行处置的权利。无论是公立高校还是民办高校，在法律意

---

① 吴华、王习：《营利性民办学校应该享受税收优惠》，载《中国教育学刊》2017 年第 3 期。

义上都等同于公益事业单位，对财产的处置权都受到严格的法律约束，同时要遵守国务院的规定来行使权力。

高校产权中的所有权、占有权、使用权、收益权及其处置权等权能可能是集中于一个产权主体，也可能是分散到不同的产权主体，形成不同的产权结构，这种集中或是分散与高校产权性质是公立还是民办没有必然关系，高校产权各权项是集中还是分散，不应该是公立高校和民办高校的决定标准，主要应由具体的高校产权制度绩效决定。换言之，高校产权制度的绩效决定着高校各权项的均衡状态，如果过度集中，造成无效或低效，那么就应该适度予以分散化；反之，如果过度分散，导致无效或低效，那么就应该适度进行集中。高校产权制度的绩效决定着高校产权制度由低效均衡状态向不均衡状态，再向新的、高效的均衡状态的不断演化和变革。

七、高校产权制度变迁的特殊性

高校产权制度既具有一般企业产权制度的性质，也具有不同于企业产权制度的特性。对高校产权制度与企业产权制度的异同进行区分，有助于更深入地、更透彻地把握高校产权制度变迁的内涵。

高校产权制度与企业产权制度的相似之处主要体现在以下几个方面：

（一）法律上的权威性、强制性和排他性

高校产权和企业产权一样，都是法权的一种体现，是通过法制化将高校产权固化，并通过立法和司法的强制力加以保护，是依法确立并受法律保护的财产。这体现了高校产权的权威性和强制性。高校产权的权威性和强制性主要体现在排他性特征上。高校产权可能是私有产权，也可能是共有产权或国有产权。如果高校产权的主体是国家，则它是排斥其他个人或机构占有的，如果教育产权的主体是私有产权或是共有产权，它同样排斥其他个人和机构占有，高校财产的排他性是得到法律的强制力保证的。

（二） 整体性与分割性的统一

高校产权各主体有自由使用高校教育资源的自由，也会受到产权边界的约束。高校产权是一束权利，完整的高校产权包括对高校财产的所有权、占有权、使用权、收益权和处置权等。高校产权的可分割性是指所有权与其他各项派生权利是可分离的，而由所有权派生的各项权利间也是可以分离的，各项权能可以分属于不同的产权主体。

（三） 自主性与有限性的统一

这需要了解什么是高校产权的完整性。高校产权的完整性是指高校产权内含的各项权利得到充分的界定、实施和保护。在这一状态下，高校各主体产权能够自主行使其权能，但是，由于各权能间有明显的边界，所以，这种自由实际上是受控的，即边界是有限的。

（四） 责任与权利的统一

高校产权是依法占有和使用高校财产的权利，产权主体关注的是由产权所产生的利益。但是，产权也意味着责任，因为利益获得最终要通过产权主体的尽责和努力才能得以实现。例如，在联合办学中，各产权主体必须以契约的形式严格明确彼此的责权利。

（五） 可交易性

产权的交易是指产权在不同主体之间的转手和让渡。高校产权的可交易性是由产权的内在属性所决定的。换言之，高校产权的可交易性是由产权的排他性和有限性内生决定的。任何产权都是可以交易的，高校产权也具有产权可交易性特征。这是因为：产权在创建之初，就是为了交易，所以可交易性是产权的内在属性之一。不论什么类型的产权安排，只要产权主体明确、产权边界清晰、产权收益能够量化，都可以在产权市场中进行交易。有些产权可能因为具有特定的主体，不能进行产权交易，但这不等于不具有可交易性。明确高校产权的可交易性非常重要，这是高校产权改革的基础。

当然，高校产权制度也有一些不同于企业产权制度的特殊性。具体说来，高校产权制度变迁的特殊性主要体现在：

第一，高校和企业追求的目标不同。企业生产的目的是为了追求利润的最大化，因此界定和行使企业产权的活动都是通过产权的不断明晰化来降低生产中的交易费用，并进行有效的激励和约束，最终实现企业的利润最大化。而高校则不同，界定和行使高校产权的最终目的绝不仅仅是为了办学投资方追求自身的利益（经济目的仅仅是一个方面），为社会经济的发展奠定知识、技能、道德等方面的基础，努力地为社会产生出更多正面的"溢出效应"才是其追求的目标（教书育人、科学研究、服务社会、文化传承）。因此，对于高校而言，更有必要通过分解高校产权，明确各高校产权主体的责权范围，进而在实际操作中，分离出高校所有权以外的占有权、使用权、收益权、处置权等，分散给个人或机构，把不同的权利落实到具体的产权主体身上，以提高高等教育资源的配置效率。

第二，高校和企业重组的方式不同。这包括两层含义：一是国家对所有的国有企业和高校的重组有不同的方式，国有企业重组采取的是出卖或者转让的方式，然而高等教育的作用和地位特殊，国家和政府是高校所有权的掌握者，当高校进行重组的时候，更多采用的是外部融资的方式。二是高校的财产应保证完整，否则会引发整个高等教育的中断和残缺，从而影响到教学质量，所以高校的财产不能采用企业产权重组的方式，即对各种财产进行兼并、变卖、租赁、分割以达到产权重组的目的。

第三，高校和企业委托—代理制度的层级不同。现以国有企业和公立高校进行对比说明。"人民"对所有的国有产权具有所有权，但是，由于"人民"是抽象和笼统的，无法行使权力，因此需要运用委托—代理制度，引入第三方作为代理人，代替行使权利和职能。在生产活动中，国有企业可以算出产出与投入各是多少，通过多层委托代理，尽最大可能地细致分解其本身的经营行为，精细地划分各自的利益和责权，以追求利润的最大化。但是，由于很难用具体的数字去精确计算出高校在高等教育领域中投入了多少（有形资产容易计算，但无形资产和人力资本难以量化），产出多少更是难以准确计量，国有高校产权一般倾向于选择"一级委托代理制"。国家和政府为了能够最大限度地约束和监督高校代理人的行为，选择单独个人或者某一个团体直接作为高校的代理人。

第四，高校和企业对产权长期稳定性的追求期限不同。高校和企业都追求产权的稳定性，这是因为产权的不稳定会带来很多不良的后果，不利于产权主体的行为长期化的良性运转。但是，由于企业追求利润最大化，所以，选择合适的时机，对产权进行转让、租赁、重组等产权交易就不可避免，这必将会使原有的产权稳定性中断。比较而言，高校对产权的稳定性要求更为长期和稳定。"十年树木、百年树人"，高等教育育人要求有长期的连续性，所以，高校产权一般相比企业产权更为稳定。

第三节　文献综述

一、"高校产权制度变迁"研究的发展动向

本书主要以"高校产权制度"和"高校产权制度安排"为关键词，从大学图书馆、中国学术期刊网络出版总库、中国博士学位论文全文数据库、中国优秀硕士论文全文数据库、中国重要会议论文全文数据库、中国重要报纸全文数据库六方面来源对 2000～2016 年的相关文献进行检索，一共搜集到相关学术成果 194 篇，其中以"高校产权制度"为关键词搜集到的文献有 171 篇，以"高校产权制度安排"为关键词搜集到的相关文献有 23 篇，根据文献来源和文献年份分别进行横向与纵向分析如下：

（一）根据文献来源进行横向分析

从文献来源来看，在搜集到的学术成果中，不同来源的文献占比如

图 1-2 所示。由图中可以看出，本书的文献来源主要来自期刊，其占比已经达到 71%；其次就是优秀硕士学位论文，占比 15%；再次，是著作文献和博士学位论文，占比分别为 7% 和 4%；而重要会议论文和中国重要报纸的数量比较少，占比分别只有 2% 和 1%。

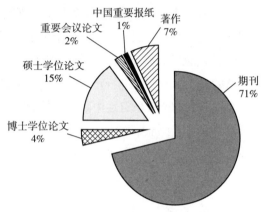

图 1-2 参考文献来源分布

（二）根据文献年份进行纵向分析

根据年份对搜集到的文献进行梳理，并对各年份的学术成果数量进行统计，得到学术成果年份分布，如图 1-3 所示。由图 1-3 可以清晰地发现，我国对于高校产权制度变迁的研究起步较晚，目前发展较慢。从 2000~2008 年的九年时间里，相关学术成果数量呈不断上升趋势，虽然存在间歇波动状况，但是学术成果明显快速增多，并在 2008 年达到 30 篇的峰值，但是在 2008 年达到峰值之后直至 2016 年的九年时间中，相关学术成果又以较快的速度减少。由图及数据可以分析得出，我国高校产权制度变迁的相关问题在 2008 年以前不断得到学者们的关注，研究趋势良好，由于 2007 年教育部颁布实施《民办高等学校办学管理若干规定》中提出要规范民办高校的办学管理，学者们对于高校产权制度的关注度大大提高，并且研究产出也达到了峰值，但是随着 2008 年教育部《民办高等学校办学管理若干规定》和《独立学院设置与管理办法》

的实施，高校产权制度变迁相关问题的研究陷入了"瓶颈"，学者们虽然对于公立高校和民办高校当前存在的问题有了一定的把握，但是由于各种原因却很难拿出切合实际的解决对策，这对于高校产权制度变迁的相关研究带来了很大的挑战。但是，虽然目前此类研究存在一定的困难，但是其研究意义是不可小觑的，它关系到高校的发展前景，因此仍然值得坚持此项研究的开展，并寻找解决问题的突破口。

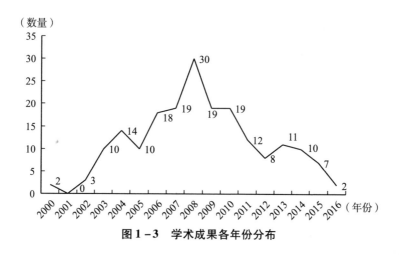

图 1-3　学术成果各年份分布

二、关于"高校产权制度变迁"的研究综述

（一）高校产权制度变迁理论的研究综述

在已有的研究成果之中，对于高校产权制度变迁的明确概念和系统理论尚未完全形成，因此这也成为本书的一个重要的创新点，同时也是研究难点。我们在对相关文献进行搜集的过程中发现，虽然高校产权制度变迁的理论尚不够完善，但是本研究并不是毫无依据可循。通过对产权、学校产权、高校产权、高校产权制度，产权制度结构，产权结构重组等概念的研究，可以找到与高校产权制度变迁相关的理论支撑。卢现祥、朱巧玲（2012）提出，产权是财产权（财产所有权）或财产权利

的简称，它不仅是人们对财产使用的一束权利，而且确定了人们的行为规范，是一些社会制度。[①] 王官诚（2008）认为，教育产权制度就是制度化的教育产权或者对教育产权的制度化，一般会通过制度层面、产权权能实现机制层面和法律层面体现出来。[②] 吴云勇（2015）指出，高校产权制度是制度化的高校产权关系或对高校产权关系的制度化，是划分、确定、界定、行使和保护高校产权的一系列规则。[③] 由此可以对高校产权制度变迁的相关理论进行多角度的分析与理解，从而进一步完善高校产权制度变迁理论。

（二）高校产权制度变迁的研究现状

我们在对各类有关高校产权制度变迁的研究成果进行梳理分析后，发现学者们在现有的大部分研究成果中所展示的研究视角，都是对民办高校或公立高校的其中之一进行深入研究，从而得出自己所选研究视角下的相关结论，具有一定的单一性和局限性。而且有些学者只站在自己的研究立场上，对未选择的一方研究内容联系甚少，甚至直接片面否定另一方的研究价值，这对于高校产权制度变迁研究的整体性研究是不利的。通过对学者们的研究成果梳理，我们发现民办高校与公立高校的产权制度间联系比较密切，而且在二者的存在问题与对策解决中有着本质上的相似之处，对于二者的综合性研究更能深入、全面地对高校产权制度变迁问题进行研究，而且相互间存在一定的互补性，综合性研究的展开将是高校产权制度变迁研究在理论上得到进一步拓展的良好契机。

另外，由于目前对于高校产权制度变迁的研究较为单一，相关理论并不丰富，存在着很大程度上的理论重叠性，很难完全支撑起整个高校产权制度变迁理论。在现有研究成果中有些学者关注了国外的研究情况，对日本、美国等发达国家的高校产权制度加以关注与对比，并得出

---

① 卢现祥、朱巧玲：《新制度经济学》，北京大学出版社 2012 年版，第 113 页。

② 王官诚：《教育产权问题研究》，哈尔滨工程大学出版社 2008 年版，第 223 页。

③ 吴云勇：《中国高校产权制度创新路径研究》，载《教育研究》2015 年第 8 期，第 49 ~ 53 页。

了一些很有启发性的研究成果。我们认为在本书中，一定要关注国内国外同纬度研究成果的比较分析，并要结合不同的时代背景、经济背景、政治背景来综合分析国内外研究成果，同时结合中国当前的具体背景进行研究，从而得出具有时效性和更有广度及深度的研究成果。

三、关于"产权制度绩效评价方法"的研究综述

本书主要的研究主题是高校产权制度变迁研究，产权制度变迁研究离不开对高校产权结构重组的研究，而产权结构重组要如何展开，怎样展开可以达到更好的效果需要一定的绩效评价来衡量，而绩效评价离不开评价方法作为依托。因此，在对文献的分析过程中我们对产权制度绩效评价方法的文献进行了系统的搜集与整理，发现各位学者根据不同的研究领域与研究目标，在产权结构重组绩效评价的相关研究中选取了不同的评价方法。通过对文献资料的分类、整理与分析，我们总结得到研究产权结构安排主要运用的评价方法共有四类，分别是文字描述法、几何图解法、指标量表法和函数分析法。

（一）文字描述法

在产权制度绩效评价的研究中，有的研究者选择构建一个理论框架，并以这个理论框架作为指导，运用文字进行系统的描述，对不同领域的产权制度绩效相关问题进行分析。在此种评价方法的运用中，有的学者选择了案例分析法来对个案进行系统研究；有的学者选择以 SWOT 分析框架为理论基础，对产权结构重组的优势、劣势、机会和挑战进行分析和文字描述；也有的学者选择进行纯理性的思辨研究，建构产权结构重组相关理论后进行思辨性地文字描述来深入论证等。无论学者具体采取哪种文字描述形式，都可以对研究成果进行非常清晰的表达与阐述，并且具有较强的逻辑性，使读者可以较为容易地理解研究成果。

曾祥炎、林木西（2011）在《中国产权制度与经济绩效关系研究述评》中，建立了由微观至宏观的理论框架，运用文字描述法，将中国

经济的增长奇迹同产权制度间的内在联系进行全面、系统地分析。[1] 论文对产权制度与经济绩效之间的关系进行了从微观到宏观的多视角分析，层层深入的研究逻辑清楚明确，可以条理清晰地完成对产权制度与经济绩效间关系的综合评价。但是需要注意的是此种评价方法难以保证语言运用的绝对严谨，若要使用此种评价方法需要对研究内容进行反复推敲，从而促使研究结论可以更加精确、全面且客观。

（二）几何图解法

通过建构模型，并辅以清晰易懂的几何图形，对产权制度绩效的相关研究进行阐述是一种较为有意义的绩效评价方法。多数文献记载中可以发现，通过建构模型，首先，可以确定研究者自身关注的研究重点，并按照模型设定的逻辑思路将研究成果层次清晰地展现给所有读者。其次，在理论模型的支撑下，研究者能够进一步以几何图形的方式将文字内容进行简洁明了的清晰表达。最后，理论模型和几何图解的完美结合可以使两种表达方法都发挥出最佳的效果，进而达到 $1+1>2$ 的效果。

赵德起（2010）在《中国农村土地产权制度效率的经济学分析》一书中，即选择了模型建构下几何图解法，来对农地产权结构重组与经济绩效间的关系进行了系统论述。在此书中建构的制度效率的 CPC 模型是根据制度结构的三个核心要素国家（country）、产权（property）和契约（contract）作为基本内核，从而构建出对制度效率进行判定和治理的模型。[2] 他通过对 CPC 中不同自变量和因变量的选择，依据政策要求分别绘制出国家强度曲线、产权制度效率曲线和农民土地所有权曲线等多条曲线。通过对曲线的临界点、变量相关性等的观察，对农地产权制度的影响因素和影响程度进行了深刻分析，并依据几何图形进一步提出自己的结论。由此可见，此种评价方法具有逻辑明确、清晰易懂的鲜明特点。

---

① 曾祥炎、林木西：《中国产权制度与经济绩效关系研究述评》，载《经济评论》2011年第 6 期，第 145～150 页。

② 赵德起：《中国农村土地产权制度效率的经济学分析》，经济科学出版社 2010 年版。

需要注意的是，此种评价方法是基于理论假设与理想状态下的一种选择，若想更加具有精确性与实用性还需要在理论模型建构的过程中考虑周全。

（三）指标量表法

产权制度绩效问题不是孤立的，而是受多因素影响的，单从一个角度对产权制度绩效进行分析，很容易出现分析结果片面化的问题。因而，采用多元分析下的指标量表法对产权制度绩效问题进行探索有着深刻的意义。这种评价方法通过量化的形式可以非常精确明了地对已有数据和已掌握的研究对象及变量的关系进行系统分析。指标量表的制定不只可以根据数据量化来进行精确分析，而且可以不拘泥于少数的研究变量，可以选择与研究对象相关的多个变量进行综合分析，这样得出的结论更具有总体综合性，利于对问题进行全面的分析。

杜莉、张鑫在《国有商业银行产权制度改革绩效评析》一文中，对多元分析下的指标量表法进行了很好的运用。论文依托产权理论，运用国有商业银行产权改革开始至 2011 年的相关数据，采用财务指标分析方法对国有商业银行相对绩效水平和产权改革前后的变化进行了度量，得出了我国国有银行在产权制度改革后，绩效提升幅度在整体上市银行中保持领先的结论。[1] 根据杜莉和张鑫建立的指标体系，可以对各商业银行的数据分别在基本业绩指标中进行横向和纵向的比较，从而得出产权制度发生变化（股改结束）后，商业银行的整体发展是利好的。通过此示例可以发现，此种评价方法对于需要多因素比较分析的产权制度绩效问题非常有效。不过，一种指标体系的建立需要大量的准备工作，要搜集众多的研究资料与研究数据，并进行前期的分类整理，指标设计等工作，工作量大，个人操作比较困难，更适合于团队研究。

（四）函数分析法

在对产权制度绩效进行量化研究的文献中，很容易就可以发现大数

---

[1] 杜莉、张鑫:《国有商业银行产权制度改革绩效评析》，载《经济学家》2014 年第 2 期，第 73～79 页。

据的重要作用，在此种研究背景下以函数分析作为一种评价方法也是顺理成章。研究者根据具体的公式进行数据计算，通过统计软件对数据进行统计分析，这种分析方式与评价方法可以在很大程度上还原研究问题的真实状况，减少评价中遇到的外在因素所带来的误差和研究者主观因素带来的影响。此种评价方法虽然优势明显，但是所需数据异常庞大，并不是所有研究者都可以选择运用的。

陈奉先、涂万春、茆旭川（2006）在《产权、市场结构与中国银行业绩效》中，即选用了函数分析法来对其研究的自变量和因变量进行公式计算和深入分析。文中选用的因变量主要是资产收益率（ROA），公式为：

$$ROA = 净利润/会计年度平均资产$$

控制变量为资本成本率（PE）、人均费用率（PL）、员工比率（SR）以及两个风险变量，各个具体公式不在这里一一举例说明。[①] 文中根据公式和各个具体的数据可以得出变量的具体数值，并通过回归分析进行数理统计，分别对影响产权结构安排适度水平与行业绩效的影响因素进行回归分析，从而得出评价结论。显而易见，此评价方法更加适用于量化研究，如果数据并不充实则难以达到此种评价方法的最佳效果。

由以上的分析可以看出，若想对产权制度绩效及产权结构重组问题进行分析，需要选择合适的评价方法才能达到理想的效果。如何选择一个合适的评价方法以判定高校产权制度安排是否需要进行重组，如何重组才能达到绩效水平较高的层次而符合产权制度变迁的本质要求，即成为了本书的关键所在。对于评价方法部分的综述，研究者所选择的案例虽然并不是高校产权制度绩效的直接案例，但是均是与产权制度绩效相关的研究文献，在绩效评价方面具有相通性，而且较为具有代表性，对于研究高校产权制度绩效与结构重组问题具有重要的借鉴意义。通过对四类评价方法的比较分析可以发现，它们具有各自的优缺点，所以最佳

---

① 陈奉先、涂万春、茆旭川：《产权、市场结构与中国银行业绩效》，载《西安财经学院学报》2006 年第 3 期，第 20 ~ 25 页。

的方式是选择两个评价方法进行互补式的综合研究，从而得出与事实更为贴切的结论。研究者根据本书的研究主题与研究目的，结合以上四种评价方法的优缺点，最终选择运用文字描述法和几何图解法两种方法来作为本书对高校产权制度绩效与产权结构重组有效性的评价方法，进而结合这两种形式进行分析论述，从而达到本书的研究目的。

四、关于高校产权制度变迁存在的问题及对策的研究综述

中国高校发展到今天，高校体制已经朝多元化方向发展，除了传统的公立高校外，又出现了民办高校、公办民助高校和联办高校等多种形式的高校。不同形式的高校在产权制度方面也存在着不同的产权结构，通过资料研究，并结合当前实际状况，我们试图在传统的公立高校和已经蓬勃发展的民办高校两种视角上，对高校产权制度变迁存在的问题进行研究综述。

（一）高校产权制度存在的问题及原因

第一，产权界定不清晰。民办高校的产权界定，是指对民办高校各权利主体在学校产权实现过程中彼此之间的权、责、利关系的明确划分。但是，从民办高校的发展历程来看，产权利益关系者对于产权界定并不清晰。民办高校的投资者、管理者和教职工各方在财产方面的权、责、利关系很难得到理顺，民办高校的发展也受到很大的限制。由此可以看出，民办高校产权制度安排正处在重组的前期阶段，既然存在产权界定不清晰的问题，就需要对产权界定进行清晰界定，合理划分与重新组合。公立高校的产权界定看似明确，实则不然。虽然在形式上公立高校是拥有多元投资主体的，但实质上依旧是政府这一投资主体在发挥作用，政府拥有高校产权中的所有权。产权主体虽然明确，但产权责任与收益却不清晰。高校产权作为一组权利束，由多项权利组合而成，而公立高校的收益权、使用权、处置权界定并不明晰。① 公立高校存在政校

---

① 卢现祥：《西方新制度经济学》，中国发展出版社 1996 年版。

不分的问题，计划经济下形成的这一特点对于市场经济下的高校产权的清晰界定产生不利影响。高校产权制度安排存在产权界定不够清晰的问题，因此高校产权在整体上需要进一步得到重新组合，从而明确产权的界定范围，利于产权的妥善管理。

第二，产权主体缺位。民办高校产权主体多元化注定了其产权划分的难度，从而出现多个主体享有同一项权利，某项权利主体缺失的问题。① 民办高校的投资者尽管享有高校的所有权，但是校方的办学权利同样要受到政府的限制，因而在产权界定不清晰的前提下，遇到高校办学中的相关问题，投资者、校方和国家究竟谁为主体难以确定，一旦相互推诿则造成产权主体的缺位，不利于民办高校的长期发展。民办高校产权主体的确定和与各项权利的重组分配对于解决这一问题较为重要，对高校产权制度安排进行重组的过程中需要明确产权主体和各项权利的关系，因而产权主体缺位的问题也利于解决。公立高校存在着产权所有者虚置的问题。中国政府实质上既是公立高校的出资者，又是其提供者和监督者，各高校间不存在市场选择，靠行政命令和指令性计划配置教育资源。同时，个人、政府、高校经营者间存在复杂的契约关系。个人指全体公民，他们因为监督的高成本自动放弃了对公立高校的财产拥有权；高校经营者由政府任命，其自身的避险欲望不强；政府本身并不是自然人，虽然是财产代表，但是并不能直接对高校进行经营和利益维护，因此产生了高校产权所有者的虚置。② 公立高校的产权主体并不是自然人，那么如何确定产权主体并使产权主体负起相关责任就需要产权制度变迁过程中进行明确的划分。

第三，缺乏产权的激励与约束机制。民办高校的办学资金主要来自投资者，而非国家拨款。投资者投资民办教育承担着投资风险，并负有相应责任，但是其收益权却得不到保障。《教育法》已经明确规定任何

---

① 张宏博：《中国私立高校的产权调整模式研究》，载《广东经济》2007 年第 8 期，第 56～59 页。

② 赵善庆：《公立高校固定资产管理新模式的探索》，载《实验室研究与探索》2015 年第 6 期，第 285～289 页。

组织和个人都不允许以营利为目的办学，这实际否定了举办者的剩余索取权，而且原有的《民办教育促进法》是在以民办高校为非营利组织的基点上来立法的。[①] 虽然 2016 年修订的《民办教育促进法》中提出了"民办教育投资者可以自行选择'营利性'与'非营利性'学校性质（义务教育除外）"，但是修订后的《民办教育促进法》是从 2017 年 9 月 1 日才开始实行，其效果还有待观察。剩余索取权的缺失是对产权制度存在着经济行为的一种忽视，在激励与约束机制缺失的情况下，投资者为了获得相应的利益很有可能变相从高校控制权中获取利益，不利于民办高校的整体发展。因此民办高校在剩余索取权相关问题的解决过程中需要注意高校产权制度变迁，建立起激励与约束机制。公立高校仍以国有独资性质为主，其资金来源仍然依赖于政府拨款。公立高校尚未成为独立法人财产权主体，高校所有权为政府所有，经营者与参与者并不享有剩余索取权，且整个经营过程不以营利为目标，因而无论经营者的经营效果是好是坏都不会影响到经营者本身的利益[②]。经营者努力创造的成果会由学生和社会全体成员分享，倘若经营的不好会由政府为其承担后果。缺乏产权的激励与约束机制，公立高校的进一步发展受到阻碍，因此公立高校同样需要进行产权重组，改变当前的现状。

（二）高校产权制度变迁的改进策略

通过对中国高校产权制度变迁的研究，可以清晰地发现民办高校和公立高校产权制度变迁过程中所存在的问题在所属类别上趋于一致，但是具体问题及原因存在差异。我们经过对已有学术成果进行梳理分析后，发现民办高校和公立高校对于高校产权制度变迁的改进策略存在较大差异，我们将在本研究中对两种形式的高校产权制度安排改进策略分

---

① 王振朋、辛婷婷：《从产权经济学看民办高校产权的生成及其运行机制》，载《浙江树人大学学报（人文社会科学版）》2011 年第 4 期，第 20~23 页。

② 裴江林：《我国高校法人资产产权功能的发挥及其积极影响》，载《山西高等学校社会科学学报》2011 年第 12 期，第 127~129 页。

别进行分析。

第一，民办高校产权制度变迁的改进策略。民办高校产权制度创新优化，一是要明晰民办高校产权制度，要在民办高校运行中，对其内部治理结构和外部治理结构共同加以完善，促使其产权制度界定的清晰化。二是要推进民办教育立法工作，明确民办高校财产权在法律关系中的地位，要进一步体现出产权法律关系的权能内容，即产权的各项权利束，从而全面、公正地对民办高校产权制度加以保护。三是要进行民办高校产权制度安排的优化和创新，要兼顾个体和组织的利益，并建立完善的绩效评价体系，对高校的运营管理情况进行有效评估和进一步优化。① 另外，也有学者提出其他的策略，如王一涛指出，公益性的民办高校产权制度是一种产权共有的制度安排，即收益权、控制权和剩余财产分配权为整个民办高校所有，而非归于特定的人，他倡导建立一种公益性的民办高校产权制度，同时也可以存在营利性的民办高校产权制度，两种形式的产权制度可以共同发展，并提出了建立投资者合适退出学校的观点，所提观点创新性很强，并且与新修订的《民办教育促进法》的内容相互呼应，具有较高的实用价值。

第二，公立高校产权制度变迁的改进策略。公立高校产权制度创新优化，除了要明晰产权界定之外，首先要解决的就是公立高校政校不分问题，通过进行产权结构多元化的改革推动政校分开的进程，可以通过在高校外部设立独立的高校理事会，在内部进行规章和交易的途径对公立高校的权利机制进行改革，多元化的产权结构是在确保国有独资的前提下对公立高校的产权制度改革的积极探索。② 其次，在多元化改革的进程中既要优化资源配置，使高等教育的规模不断扩大、结构不断优化，又要在改革过程中注意辨别，避免"一刀切"地盲目进行高校产权制度创新，要通过量化与质化的分析后确定如何进行多元结构重组，

① 王征、潘昆峰：《高等教育资源利用效率绩效指标研究的文献综述》，中国教育经济学学术年会论文集，2009 年，第 8 页。

② 楚红丽：《公立高校与政府、个人委托代理关系及其问题分析》，载《高等教育研究》2004 年第 1 期，第 43～46 页。

因为过度的分散和集中都不是最佳的高校产权制度安排设置。再次是要制定《高等教育投资法》，鼓励社会各界人士积极投资、捐资办学，在法律上为结构多元化改革提供法律上的支持。另外，在保证我国教育公益目标的前提下，适度引入外部教育市场机制，由市场来高效的配置资源。同时，政府可以向学校经营者和教育工作者适度下放收益权，让其他参与者参与到产权分配之中，从而起到激励与约束的作用，使高校产权通过产权结构重组提高产权制度绩效。①

五、研究述评

综合以上研究，我们从高校产权制度变迁相关研究的研究动向、高校产权制度变迁的理论、高校产权制度绩效评价方法、高校产权制度变迁存在的问题及对策四个方面进行了资料的搜集与分析。

首先，从时间来看，高校产权制度变迁相关的研究在我国起步较晚，主要的研究成果集中在近 20 年，是一个较新的研究领域。

其次，从数量来看，高校产权制度变迁相关研究的数量呈现先上升后下降的研究趋势，究其原因是受到相关政策的影响，而且对于高校产权制度变迁的研究推新速度相对较慢，虽然研究成果数量不是特别的多，但是此研究仍具有较大的理论和现实意义，值得继续展开研究。

再次，从内容来看，第一，高校产权制度变迁相关的理论研究多集中在高校产权制度研究之上，对于高校产权制度变迁的相关理论虽然有所提及，但是尚不够系统，多是在高校产权制度研究之中作为辅助研究内容而被研究，需要建构专属于产权制度变迁的理论体系。第二，对于高校产权制度变迁相关问题及对策研究也多不是单独进行研究，而是掺杂在高校产权制度研究之中进行研究。而且对于问题及对策研究主要是针对高校产权外部结构进行研究，主要是对公立高校或民办高校进行单

---

① 苗薇薇、张立新：《大学管理绩效度量研究综述》，载《西安欧亚学院学报》2010 年第 1 期，第 49 ~ 55 页。

独的研究，需要对公立高校和民办高校进行综合研究以确定高校产权外部结构重组的发展方向和重组方式，以促进高校产权制度创新发展。第三，对于高校产权中的五项权能组合研究的相关文献比较少，虽然说在很多文献中对高校产权内部结构相关的内容有所提及，但是却少有单独对其进行深入研究，对于高校产权的所有权、占有权、处置权、使用权和收益权的深入研究还是比较缺乏，在此方面还有很大的研究空间。

最后，对于高校产权制度变迁的相关研究离不开对高校产权制度和高校产权制度变迁问题的评价与辨析，这就需要对高校产权制度绩效进行评价。虽然高校产权制度绩效评价方法的相关文献难以找到，但是产权绩效评价的文献可以为我们带来启示。对于产权绩效的评价方法主要有描述法、几何图形法、指标量表法和函数法，我们认为对高校产权绩效的评价可以选用描述法和几何图形法来进行综合评价，这样的评价可以更加客观翔实、简洁易懂，利于根据评价结果促进高校产权制度变迁研究。

第四节　研究意义

中国高等教育改革三十年取得了一定的成效，但距离《国家中长期教育改革和发展规划纲要（2010～2020 年)》提出的建立现代大学制度还相距甚远。就中国高校产权制度绩效问题进行比较研究和内部剖析，对中国高校建立现代大学制度意义重大，也必将使中国高等教育的改革起到事半功倍之效，产权制度如果缺乏绩效，建立高绩效的现代大学制度也只能说是一句空话。研究高校产权制度变迁及绩效优化在当下具有重要的理论价值和现实意义。

第一，可以提供全新的研究高等教育体制变革与创新问题的一个理论工具。无论是高等教育管理体制变革还是办学体制变革，对高等教育治理中政府机制与市场机制的配置与选择都是它们关注的基础性问题，而产权和产权制度理论能为其提供一个有效的理论分析框架。正如高金岭（2004）所言："高校产权制度效率问题的提出为我们重新审视高等教育市场和政府的社会治理机构提供了一种全新的理论视角。"①

第二，可以为解决高等教育的外部性问题提供方案。传统的外部性分析逻辑中，政府干预是克服市场失灵最好的解决方案。然而产权理论却提出完全不一样的有效的解决途径：通过产权的清晰界定，人们就能自由运用产权契约灵活地处理一些外部性问题，从而克服市场因外部性造成的失灵。市场具有解决大多数市场失灵的能力。明确产权、清晰界定产权边界，保持有效合理的产权制度和维护产权制度，需要政府和法律发挥它们的作用，但是，如果政府过度干预或约束市场，不仅不能消除市场失灵现象，而且会衍生出政府失灵现象。

第三，有助于解决高等教育的供求失衡。传统的教育经济学认为高等教育领域供求的失衡源于市场无法形成均衡价格，而且交易主体在市场中对价格信号没有及时做出理性、合适的反映。但是根据产权理论，造成这些问题的原因在于产权的界定不清晰或界定的不够充分。由于产权制度是利益和责任相对称的一种制度，只有通过构建有效的高校产权制度基础，才能形成竞争机制和价格信号带来的利益结局。当高校产权清晰而合理，就会产生相应的利益欲望，从而形成有效的竞争欲望，而竞争会引发社会对价格信号的广泛的关注，因而激发了高等教育市场供求失衡向供求均衡的过渡。

第四，有利于减少不确定性，扩大资源向高等教育领域的流入。中国投入到高等教育领域的资源明显具有稀缺性的特点，对高等教育资源明确了产权就可以建立排他性的财产使用，就能有效地增加高等教育资源的投入量，防止高等教育领域内"搭便车"、预算软约束等造成高等学校财产流失行为的产生。产权界定的清晰使高校的财产归属以及高校产权的各种权利和责任都能界定清楚，投资者可以得到什么样的回报、得到多少回报、高校的利润归谁所有等问题都有了明确的答案，从而在很大程度上为高等教育领域的投资者提供信心和保障，激发他们投资高

---

① 高金岭：《教育产权制度研究》，广西师范大学出版社2004年版。

等教育的积极性。

第五，有利于规范和约束高等教育行为主体活动，提高高等教育的资源利用效率。目前，公立高校教育资源配置的低效率已成为制约中国高等教育发展的"瓶颈"，已经到了不得不引起足够重视和迫切需要解决的地步。而要想解决这一问题，需要在高校产权制度上做出安排和确立产权，使私人通过投资高等教育所获得的私人收益率接近社会平均收益率，对私人投资高等教育的经济活动形成一种制度性的激励。以往的高校教育制度安排下，责任和权利的缺位，让高校不会承担投资风险和办学"亏损"及"破产"的压力（否则高校也不会出现高达几千亿元的贷款），运营高校也不存在财产方面所应有的动力，所以考虑不到人才培养实际过程中的现实的教育需求和培养质量，也不会考虑作为高等教育投资主体的政府所具有的供给能力。此外因为教育活动中缺乏必要的约束机制，依据"经济人"的假设，各级各类高校以及教育行政部门会钻高等教育相关制度和政策的空子，追求灰色收入，实现自身利益的最大化，在其"委托—代理"的过程中出现"道德风险"，其结果是教育部门及其各级各类高校只有投入的责任，而无产权的收益；教育成果的享有部分只表现为高校财产的使用权，而无付出的责任，导致高校缺乏发展动力，其收益严重外部化，造成高等教育资源利用的低效率。

总之，本书将解决现实问题与学术研究相结合，具有重要的理论价值和实践意义。

第五节　研究思路与研究方法

一、研究的思路

本书以教育经济学、新制度经济学、教育管理学为指导，按照从应然（理论构建）到实然（现实分析）再到应然（路径选择）的研究思路，先借鉴国内外相关的研究成果构建了高校产权制度变迁的理论模型，然后立足于中国高校产权制度变迁的历程、现状、存在的问题、制度变化的原因和改革的关键点，并对欧、美、日等高等教育发达国家的高校产权制度改革进行了横向比较研究，最后为中国高校产权制度创新找出了两条改革的路径——宏观政策的优化和微观结构的重组，具体如图1-4所示。

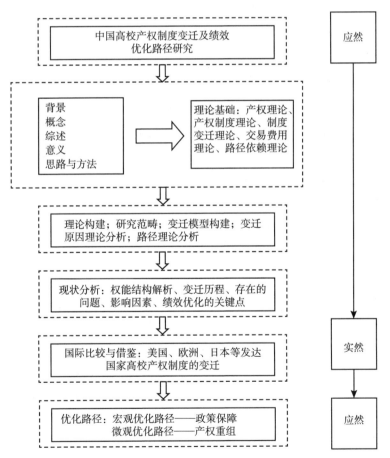

图1-4 中国高校产权制度变迁及绩效优化路径研究的框架

二、研究的方法

本书属于应用研究，在遵守经济学学术规范基础上，总体采用的是系统分析方法，在此框架下，实现了多种分析方法的综合，如实证分析与规范分析相结合、应然分析与实然分析相结合等。具体说来，主要应用了文献分析法、比较分析法、系统分析法、访谈分析法、问卷分析法五种方法。

（一）文献分析法

文献分析法主要指收集、鉴别、整理文献，并通过对文献的研究，形成对事实科学认识的方法。文献分析法是一种古老且非常具有活力的研究方法，在现状、源起等研究的过程中，我们很难做到对每一个研究中涉及的地方进行全方位的实地研究与现场观察，但是文献法可以为我们提供文献记载的成果作为参考。我们可以在文献记载的已有优秀研究成果的基础上，进行继承与补充，充分利用已有资料进行文献调研，可以更加便利地掌握相关的科研动态与前沿进展，从而更加有利于我们把握该项研究的研究态势与研究现状。文献分析法是一种经济且有效的信息收集方法，它通过对与工作相关的现有文献进行系统性的分析来获取研究信息。

本书的研究内容涉及的范围较广，既包括教育学、经济学的学理知识，也包括国内、国外的高校产权制度安排现状，还涉及高校产权制度安排组成的具体权能与权利主体间的关系，需要大量的已有研究文献作为理论支撑。只有站在巨人的肩膀上才能看得更远，我们在对已有文献进行搜集、整理、分析、学习、明辨的过程中，可以更好地把握高校产权制度变迁问题的研究，并结合理论建构与现实分析得出我们的结论与建议。因此，在需要大量优秀文献作为分析基础的情况下，我们选择了文献法作为本书收集资料的方法之一。由于目前对于高校产权制度变迁及绩效化路径的研究还没有较系统、较成熟的理论构架，所以，本书需要对新制度经济学、高校产权、制度绩效等理论文献进行梳理、分析，以期提出用于进一步分析的框架体系。

文献资料的分析可以根据不同的文献种类进行不同的研究分析。首先对文献资料进行分类，基本上将文献资料分为质的材料和量的材料两大类，质的材料主要为文字记述类的材料，如相关书籍、报纸、学术论文等；量的材料主要是以数据为主的文献材料，如统计年鉴等。其次，我们对质的材料和量的材料进行分别的分析。对于质的材料要根据文献时间和文献类别进行类别划分与整体分析，根据不同年限文献的数量和不同类别文献所占比例进行整体的分析，再对文献内容进行抽象分析，抽象出研究问题的主要概念以及创新概念的分析，并对研究主题相关问题进行理论分析、比较分析和系统化分析。对于量的材料，要抓准所需分析的研究数据，针对研究假设选定相关研究数据，借助 SPSS 统计分析软件进行数据的分析，并根据软件得出的统计结果进行深入的统计分析。最后将文献资料中质的材料分析结果与量的材料分析结果进行整合，以求得出充分且准确的文献资料分析结果。

（二）问卷分析法

问卷分析法是指研究者按照所需的研究目的编写问卷、收集问卷和分析问卷的方法。研究者可以选择不提供任何答案和提供备选答案两种形式进行问卷编写，并可以对答案的选择设计某种要求。研究者根据问卷填写者对问题的回答内容进行统计分析，并得出相关结论。高校产权制度变迁及绩效优化路径研究所需要的资料涉及的内容广泛，且需要一定的数据作为支撑，我们选择问卷法作为一种搜集资料的方法，在较短的时间内搜集到了来自不同地区、不同职业、不同年龄的研究者的问卷反馈。通过对问卷内容和研究参与者所给出的答案进行系统的数据分析，为本书提供了更加具有说服力的理论支撑。

问卷法的选择可以搜集到具有研究针对性的大量数据，在实证研究的过程中，问卷内容的量化分析可以更加直观地对现状与存在的问题进行展示，有利于本书形成质性与量化相结合的深入研究。本研究所选用的调查问卷发放对象主要为高校管理者、高校教师、高校学生和部分相关社会人士。在明确研究目的之后，根据研究目的与研究问题开始编写问卷，并在问卷编写结束后进行试发放，试发放问卷 30 份，并按时回收。对于收集回来的 30 份问卷进行信度和效度分析，并找相关专家进行指导，确定信效度都没问题后进行问卷的正式发放，回收到的有效问卷共有 1200 份。在一周之内将发放问卷进行收集，并对问卷内容进行系统的量化分析。

问卷资料的分析主要是对收集回来的已发放问卷进行系统的统计分析。对于正式发放的问卷按照既定时间进行收集，并对收集回来的问卷按照题目等信息进行数据录入，在数据录入的过程中对于无效问卷进行剔除并做好记录。对于符合分析需要的有效问卷要进行妥善保管，并根据研究内容进行数据录入与分类，根据量化研究方法和研究要求，对于掌握的数据资料进行统计分析。对于数据的分析可以借助 SPSS 和 Excel 软件，通过统计软件进行回归分析等各项检验，并根据检验结果进行系统的分析，从而得到有数据支撑的量化分析结果。

（三）访谈分析法

访谈分析法是指允许研究者与研究参与者进行交谈或是会话，并且这场会话是由研究者所设计和引导的带有目的性的会话，研究者可以通过会话内容获得研究资料，并对所获研究资料进行分析、运用的方法[1]。访谈包括个人访谈、焦点团体访谈和线上访谈。访谈的形式主要包括结构式访谈、半结构式的引导式访谈、深度访谈或是无计划的访谈。不论选择怎样的访谈方式，都需要做好前期的规划与准备工作，并在访谈结束后尽快将访谈内容进行整理与分类，从而得到研究相关的重要的一手资料。

---

① M. Lichtman：《教育质性研究：实用指南》，江吟梓、苏文贤译，学富文化出版社 2010年版。

　　高校产权制度变迁及绩效优化路径研究文献尚不能完全满足本研究的需求，为了能够搜集到更加系统、时效性高的一手资料，研究者选择了访谈法作为另外一个搜集资料的方法。由于当前对于本研究主题的研究成果尚有可进一步充实的余地，尚有些参考内容不够完善，研究者需要结合本研究的研究目的与研究问题，选择合适的研究参与者进行访谈，运用访谈法来搜集、分析资料。运用访谈法搜集资料可以得到研究者更为关注的、具有针对性的研究资料。由于研究者在访谈的前期即根据本研究的需求做好了准备，带有目的性地与研究参与者展开访谈过后，可以及时将访谈内容进行整理与分析，从而用这些具有针对性和真实性的一手资料来补充文献资料中需要完善的部分，并且可以促进对理论假设的论证，形成有说服力和时效性的理论支撑。

　　访谈资料的分析主要是对搜集到的访谈逐字稿进行系统的校对与分析。访谈逐字稿是宝贵的一手资料，这种直接资料的获得需要得到校对、分类、编码、分析。首先，在得到研究参与者的允许进行录音，并且保存好录音文件之后，需要及时地对录音文件进行逐字稿的导出，按照一定的格式将访谈逐字稿整理出来之后，及时反馈给研究参与者，进行再度校对确认，并根据研究参与者的反馈对访谈逐字稿进行最终校对，对于不清楚的内容研究者会进一步找研究参与者进行二度访谈来补充说明。其次，在访谈逐字稿得到确认之后，研究者根据研究需要按照研究问题对访谈逐字稿进行编码和分类，在此过程中研究者切实注意对研究参与者的个人信息进行绝对保密和妥善保管，严格遵守研究伦理的要求。最后根据整理好的访谈资料进行深入的分析，结合研究主题对其进行抽象分析，并按照分类和编码适当引用到本研究之中，做到论证清晰明确且佐证材料清楚完整。在访谈资料整体分析结束之后，将分析内容发放给研究参与者，以确保研究参与者同意本研究对访谈资料的分析，尊重研究参与者的知情权，并妥善处理研究参与者的相应反馈意见。

（四）比较分析法

　　比较分析法是指对同类事物进行对比，分析其异同，进而判断其优劣的研究方法。比较分析法是研究一切事物非常有力的、普遍的逻辑方法，是进行分析、综合和推理等其他方法的基础。它实质上是对事物的某些特征或属性进行研究，并且总是从剖析、对比事物的个别特征和属性开始。比较分析法可以分为横向比较和纵向比较两种，前者是对同一事物不同时期的状况的特征进行比较，从而认识事物的过去、现在及其发展趋势；后者是对不同国家、不同地区、不同部门的同类事物进行比较，从中找出差距，判断优劣。比较是发现问题、分析问题的有效方法，是实现优化的前提。高校产权制度绩效除需要进行内部产权结构历史纵向解析外，还需要对发达国家高校产权制度的变革进行横向比较分析。

（五）系统分析法

系统分析法是指把要解决的问题看作一个系统，对系统所有要素进行综合分析，找出解决问题的可行方案的综合方法。本书把中国高校产权制度作为一个复杂的系统来研究，运用新制度经济学、教育管理学、教育政策学等的理论与方法，开展多学科系统研究，从应然分析到实然分析再到应然分析，实现了理论构建到现实剖析再到路径选择的系统性分析，深入研究了中国高校产权制度系统产权权能的构成以及最佳组合方式，并力争使其实现系统目标最优化。

第二章

高校产权制度变迁研究的相关理论

产权理论、产权制度理论、制度变迁理论、交易费用理论和路径依赖理论，是进行高校产权制度变迁和绩效优化分析的最重要的理论基础。

第一节　产　权　理　论

产权理论是高校产权制度变迁及绩效优化问题研究的基石，对产权理论进行系统的分析是深入分析高校产权变迁及绩效优化的前提和基础。

一、产权的含义

产权是一组权利束，是对稀缺的经济物品的多种用途进行选择的权利，正如 A. 阿尔钦所言："产权是一个社会所强制实施的选择一种经济品的使用的权利。"① 在产权经济学中，完整的产权是由所有权、占有权、支配权、使用权、收益权、处置权等项权能所构成的一系列权

---

① ［美］科斯、阿尔钦、诺思等：《财产权利与制度变迁——产权学派与新制度学派译文集》，上海三联书店 1997 年版，第 97 页。

利束。

（1）所有权是指所有者把所有物归属于自己并且排斥他人的产权权利。所有权强调排他性，正如 H. 登姆塞茨认为："产权的所有者拥有他的同事同意他以特定的方式行事的权利，一个所有者期望共同体能阻止其他人对他的行动的干扰，假定在他的权利的界定中这些行动是不受禁止的，产权包括一个人或其他人受益或受损的权利。"① 配杰威齐也说："产权详细地表明了在人与人之间的相互关系中，所有的人都必须遵守的与物相对应的行为准则，或承担不遵守这种准则的处罚成本。"② 所有权是其他各项权利中最具有决定性的权利。

（2）占有权是指占有者对财产的实际占有、控制和支配，并据此来体现占有者的意志和获得经济利益。占有权不等同于所有权，是行使所有权的基础。二者既可以统一于同一个主体，即所有人自己直接控制和支配自己的财产，直接行使占有权利；二者也可以分属于不同的主体，即非所有人实际控制和支配属于他人的财产，直接行使占有权利，包括合法占有和非法占有、名义占有和事实占有等。

（3）使用权是指使用者不改变物的本质，按照物的性能用途而对物加以利用，获得经济利益的权利。使用权通常由所有者行使，但也可依法律、政策或所有人之意愿而转移给他人。如中国国家财产的所有权属于中华人民共和国，而国家机关、国有企业和事业单位根据国家的授权，对其所经营管理的国家财产有使用权。占有权决定使用权，没有占有权也就无从谈起使用权。

（4）支配权是指支配者通过经营财产而进行生产和市场交易活动的权利。同样，支配者与所有者既可以合一也可以分离。合一指所有者支配属于自己的财产，分离指支配者支配属于他人的财产，此时，支配者并不拥有财产的所有权，支配者需要按照所有者的要求，使其剩余索

---

① Harold Demsetz, "Toward a Theory of Property Rights" American Economic Review, May 1967.

② 科斯：《财产权利与制度变迁》，上海三联书店、上海人民出版社1994年版，第204页。

取权得以实现。

（5）收益权是指获取所有物之孳息的权利，它是所有者因追加财产而产生的获取经济利益和价值的权利。收益权是所有权在经济上的实现形式，在市场经济高度发达的现代社会，收益权已经上升为所有权最核心的权能。所有权的存在是以实现经济利益和价值增值为目的，这一目的最终是通过收益权得以实现。

（6）处置权是指所有者对所有物最终处置的权利。处置权的行使可以使所有权消灭，也可以使所有权转移给他人，或使用权、占有权转移。但是，不符合法律规定或违背所有人意志的处置是非法处置，非法处置人应将处置物返还给所有人，不能返还或造成损失时应予赔偿。

二、产权的功能

产权的功能主要是确定规章制度，降低社会的交易费用，减少不确定性因素，从而改善资源配置和福利分配，促进经济增长。具体说来，产权具有四大功能：一是资源优化配置功能；二是激励与约束功能；三是提供外部性内在化的激励功能；四是减少不确定性功能。

如前所述，产权研究的是稀缺的资源或稀缺的经济物品，从历史上来看，产权的首个功能就是不准外来者享用资源，然后是制定规则激励或限制内部人员开发资源的程度，从而在内部实现资源的最优配置。资源或经济物品的所有者通过产权的界定能阻止其他人对其行动的干扰，而在他的权利界定边界内行动却是不受限制的。产权的界定为选择和构建最有效的资源或经济物品的使用提供了现实可能性，并通过利益激励和经营规范，使资源或经济物品自动地趋向市场价格最高，因而也是资源配置最有效的方向流动，可以说，产权的界定为资源或经济物品的自由流动和交易契约的自主确立创造了条件。张五常和巴塞尔都曾经论证过产权界定的条件：只有当产权界定的收益大于等于产权界定的成本时，人们才有动力去制定规则和界定产权。

界定产权的目的是强制人们遵守某些公共准则，从而节省交易费用，这是产权的第二个功能。通过法权，产权保障了财产主体的合法权益，使其不受侵犯，规定了优化资源的配置和降低交易的社会成本是财产取得收益的仅有的合法途径。产权还有效地激励了财产主体的经济行为，并形成一系列的激励机制，促使产权主体更高效地经营财产，争取自身利益的最大化，同时，产权越持久，追求利益激励就会越长远，避免了短期行为。同时，由于责任、权力和利益的有机统一，内生出基于自身利益要求的财产经营约束机制，强制财产经营必须符合产权界定规则、产权权益及其补偿规则、产权交易规则和产权主体根本利益的要求。

产权的另一个功能就是将外部性内在化。外部性主要包括外部成本、外部收益。将一种受益或受损效应转化成一种外部性，是指这一效应对相互作用的人们的一个或多个决策的影响所带来的成本太高以至于不值得。将这些效应"内在化"是指一个过程，它常常要发生产权的变迁，从而使得这些效应对所有的相互作用的人产生影响。产权界定不清是产生外部性和"搭便车"的主要根源。有效的产权可以降低甚至消除外部性问题。环境污染、交通拥挤、国企低效都是产权界定不清造成的。

最后，产权的设置和产权规则的制定具有减少不确定性的作用。诺思就曾提及："制度在一个社会中的主要作用是通过建立一个人们相互作用的稳定的结构来减少不确定性。"[1] 诺思所讲的制度就是指产权安排。产权可以减少不确定性表现在两个方面：一是对无产权的物品界定产权。如新的或人们过去没有发现的具有使用价值的物品，最初是无主物，产权归属不确定，谁都能占有它、使用它，但一旦将其产权界定给某个主体，人们对它的权利就确定了；二是对产权不清的明晰产权。如有些物品已经设置了产权，但不同产权主体之间权利不明确，呈现一种混乱状态，不同产权主体对其权利的选择也是不确定的。通过明确界定各主体的权利，不确定的产权就得到了明晰。

---

[1] 诺思：《制度、制度变迁与经济绩效》，上海三联书店 1994 年版，第 4 页。

三、产权的类型

产权界定的首要问题就是要明确产权主体。产权主体可以是自然人，也可以是法人，还可以是政府。从产权归属的角度看，现代产权理论一般将产权划分为私有产权、社团产权、集体产权、国有产权几种形式，一个社会设置什么类型的产权形式，主要由每种产权形式配置资源过程中所产生的交易费用决定。

（一）私有产权

私有产权是指财产权利界定给个人，即个人拥有对经济物品进行选择的排他性权利。私有产权归属于个人，完全受个人意志支配，但是，私有产权并不是产权的所有权能都掌握在一个人手中，只要每个人拥有相互不重合的不同产权，不同的人可以拥有不同的权能。私有产权具有可分割性、可分离性和可让渡性，这一特点决定了私有产权也可以实现各项权能的分离和重组。理解私有产权的关键在于：行使产权权能的决策完全是由私人做出的。

（二）社团产权

社团产权是指当某个人对一种资源行使某项权利时，并不排斥同一团体内其他成员对该资源行使同样的权利。换言之，社团产权是具有部分排他性的产权，它对内不具有排他性，对外具有排他性。社团、协会、俱乐部等都属于社团产权。社团产权不同于私有产权，对某个特定社团来说，社团产权在社团成员之间是不可分的，每个成员都可以用社团财产来为自己服务，同时并不排斥社团内他人对社团财产行使同样的权能，但每个成员都无权将社团财产据为己有。也就是说，每个社团成员都对社团拥有全部的产权，但这个财产实际上又并不属于每个成员。

（三）集体产权

所谓集体产权就是集体经济组织所共有的产权。集体产权是一种排他性产权。与社团产权对内行使产权的个体性相比，集体产权完全不同于社团产权，集体产权不等于集体中每个成员享有产权。集体产权无论对内部成员还是外部人员，都具有排他性。集体产权必须由集体行使，即由集体决策机构以民主程序对权利行使做出规定和约束。法人财产权就属于集体产权。

（四）国有产权

国有产权指国家依法对财产拥有的排他性权利。国有产权对个人而言是不具有排他性的。产生国有产权的原因是因为存在着公共物品。公共物品的产权边界难以明晰，因此最好是由国家提供。在国有产权下，权利是由国家所选择的代理人来行使的。由于代理人对资源的使用与转让以及最后成果的分配都不具有充分的权能，使他对经济绩效和其他成员的监督的激励降低，而国家要对这些代理人进行充分监管的费用又极其高昂，加之行使国家权力的政府更多的是从政治利益而非经济利益角度选择代理人，因而国有产权下的外部性问题较为突出。

四、产权结构设置与产权制度绩效

不同类型的产权设置形式的制度绩效是不同的。科斯定理很好地阐述了产权结构设置与制度绩效间的关系。

科斯第一定理认为：只要财产权是明确的，并且交易成本为零或者非常小，那么，不论最初将财产权利赋予哪个行为主体，市场均衡的结果都能实现资源配置的帕累托最优，即这项制度安排是有效率的。

科斯第二定理认为：在交易费用大于零的现实经济中，产权界定的不同，资源配置的效率也将会不同。也就是说，在现实的经济中，交易成本为零是不现实的，交易成本大于零的情况下，在不同产权制度的安排下，会因产权界定的不同而导致资源配置的效率存在差异，所以，为实现资源配置的最优化，在不同的产权结构安排中选择最优的产权制度是十分必要的。① 正如科斯本人所说："合法的权利的初始界定会对经济制度运行的效率产生影响。权利的一种安排会比其他安排产生更多的产值。"

科斯第三定理指出：在交易成本大于零的情况下，如果由政府从众多备选产权制度中选择出一个最优的产权安排，那么，就可能使社会的整体福利比原有的产权安排更好；并且由政府选择的产权安排要比由市场选择的产权安排更优，换言之，产权的清晰界定是市场主体进行市场交易的前提条件。科斯还认为，初始产权的明晰界定和分配可以节约甚至消除纠正性交易的需要，通过政府来较为准确地界定初始权利，将优于私人之间通过交易来纠正产权的初始配置。

可见，科斯的这三个定理，都提及了产权设置与制度绩效的关系，并且条件逐渐放宽：第一定理强调制度有效的前提是交易费用为零和产权明确；第二定理强调产权明确但交易费用为正时不同产权安排制度绩效不同；第三定理则在强调交易费用为正的同时，指出了产权界定的清晰程度与经济效率之间的相互关系，并且强调了政府在产权安排中的重要性。

基于科斯定理，学者普遍认为私有产权是最高效的制度安排。因为在私有产权条件下，由个人做出经济活动的决策并承担风险，每个人出于利己的动机，关心自己的财产，并追求收益的最大化，这样，就能实现财产价值的最大增值。但是，据此得出非私有产权制度绩效低的结论并不科学。私有产权有效率的原因并非在于私有产权本身，私有产权的产权明确才是理解这个问题的关键。社团产权、集体产权、国有产权在产权明晰的前提下一样也可以实现制度安排的有效性，否则，理性选择的结果将是私有产权的大一统，"存在就是合理的"，非私有产权的出现，正是对私有产权无力解决的一种有效产权安排的补充。在市场经济

---

① 科斯：《社会成本问题》，上海三联书店 2009 年版。

中，财产经营的普遍形式是委托—代理，有财产的人并不自己亲自经营管理自己的财产，而管理和经营财产的职业经理也不是在为自己的财产价值增值而努力工作，委托—代理现象的出现恰恰是在交易费用为正的情况下制度绩效提升的产权安排的一种有效选择，对非私有产权加强产权界定的清晰程度才能提升制度绩效。换言之，在非私有产权的情况下，如果我们能够在实践中找到能有效激励使财产价值最大增值的产权制度安排，并进一步明晰各产权主体的各项权能，则在非私有产权条件下也可以实现制度安排的高效率。同样，在私有产权下，产权制度安排也可能出现低效率，因为，按照亚当·斯密的观点，分工实现了资源配置绩效的提高，促进了社会进步和经济增长，所以，在私有产权制度下，尽管产权是明晰的，但如果产权集中于一个权利主体手中，不能实现产权各权利有效分工给最合适的产权主体，一样会造成资源配置的低效率。换言之，产权制度绩效的高低与私有产权、社团产权、集体产权、国有产权这些产权的所有制形式没有必然关系。

第二节　产权制度理论

在新制度经济学中，广义的产权是一切财产权利的泛化，与之相对应，一切与财产权利相关的制度我们都可以称其为产权制度。一般来说，产权制度是制度化的产权关系或对产权关系的制度化，是划分、确定、界定、行使和保护产权的一系列规则。通过"制度化"就使已有的产权关系进一步得到明确，并且相对来说使其进一步得到固化，明确并固化后，人们就可以依靠产权规则，获得相应的权利，并保障权利不受到侵害。如果违背或侵犯它，就要受到相应的制裁。合理的或有效的产权制度，必须使侵犯产权者的收益小于成本。一般来说，每种产权关系的存在都有相应规则的支持，这种规则可以是正式的，也可以是非正式的；可能具有强制力，也可能约束力较弱。产权制度可以分为两类：一是正式规则，包括法律法规、社会契约、组织机构的构造和确定。组织机构的构造和确定是指建立一定的组织机构，如高校，使这些机构获得一定的产权，这些产权因为这些机构相对稳定存在和得到社会承认、法律认可，并加以制度化。另一类是非正式规则，如文化传统、风俗习惯、道德规范等。这两类规则都能在一定范围内规范人们的产权关系，并经常综合发生作用。如合同就是"契约化"和"法律化"两种规则的综合作用。

产权制度与资源配置的调节机制相关。具体说来：

（1）不同产权制度下产权主体状况不同，从而在一定限度内决定经济形式的选择，从而决定资源配置的内在调节机制。例如，在传统体制下，产权制度的不同安排就会影响产权主体状况，而这种影响就会对资源配置的调节机制单方面起决定作用。具体说来，在公有制条件下，产权安排可分为集权和分权两种：前者是中央高度集权的制度安排，产权主体是一元的，完全由中央统一按照需要进行调整划分资源配置，无论是团体的还是单个的社会成员，都是中央统一计划的执行者，不具有独立的产权，资源的投向和使用与产权的成本和收益脱节，造成资源配置运行效率较低；后者是分权的产权制度安排，就产权主体而言是多元化的，由于产权主体不同，出现所有权分离的现象，这样就存在着利益的差别，必须以等价交换形式进行交易，这就决定了市场现有的经济形式，从而资源配置的内在调节机制就是市场调节。

（2）不同的产权制度导致内在调节机制的效果和作用方式存在差异。例如，在同样的市场经济背景及条件下，由于产权安排的不同，导致市场机制的效果和作用方式有很大不同，高度多元化和分散化的私有产权主体，形成了市场的自由竞争，均衡价格是由市场供求决定的。在相同的市场机制中，因产权集中度不同，均衡价格形成机制也会存在很大差异。如果产权高度集中于少数私人的手中，一定会形成垄断，由此垄断价格即在市场中产生。

（3）产权安排影响经济调节主体及其行为。没有产权就不会有经济调节主体。通过收益与成本的相互比较，产权主体才会理性思考产权所涉及的经营问题。在传统的计划经济时代，受制于产权安排，企业和个人产权主体自然不会去考虑资源配置中的利益和产权权能的关系。

（4）产权的分布或格局影响经济调节绩效。产权掌握在哪个主体手中，这些主体能否充分的行使产权权能，决定了经济调节的成效。国家和私人，或者说中央政府和地方政府，谁才是狭义所有权的掌握者？高校经营权应该被较低专业能力的人或者政府人员所掌握还是被较高专业能力的教授所掌握？要对资源配置进行调节，不仅需要产权主体较高的积极性而且需要很强的能力。矛盾之处在于，产权安排既涉及公平又涉及效率，往往没有能力的人掌握着产权，有调节权力却缺乏能力。这一矛盾的解决一般有赖于所有权与经营权的分离，但委托—代理制度也存在产权清晰界定问题。

（5）产权的安排影响国家这个特殊经济活动主体对经济运行的调节。国家是个特殊的经济活动主体，即使没有产权也可以依靠行政权力、法律强制力等对资源配置施加自认为符合社会整体利益的宏观调节，国家有没有产权、有多少产权，决定着国家依据什么进行宏观调控。如果没有产权，中央作为整个社会的行政管理机关，依靠行政权力的强制保障，采取全面的管理安排计划。而如果拥有产权，作为产权主体，依靠产权相关规则和直接经济力量，立足于收益和权能比较，充分行使权能和收益分配，从而影响资源配置。

第三节　制度变迁理论

所谓制度就是一系列被制定出来的规则、守法程序和行为的道德伦理规范。诺思认为制度是社会演化的选择，是各种关系的纽带和各种社会规则的集合。制度就像地心引力，它们无时无刻不在起作用，强烈地影响人们的行为，但它们又都是看不见摸不着的。人们已经习惯了它们的存在，以至于并没感觉到它们对自己的影响。[①] 但它像地心引力一

---

① 卢现祥：《西方新制度经济学》，中国发展出版社 1996 年版，第 19 页。

样，制度通过提供一系列规则界定了人们的选择空间和相互间的关系，约束了人们的行为，从而减少了不确定性，减少了交易费用，保护了产权，促进了经济增长。

制度变迁是制度的替代、转换与交易过程。可以将其理解为一种绩效更高的新制度对另一种绩效低的旧制度的替代过程。制度变迁的成本与收益的比较是决定制度变迁是否发生、成败的关键，只有预期收益大于预期成本，制度变迁主体才有动力推动直到最终实现制度变迁。正如诺思所说："如果预期的净收益超过预期的成本，一项制度安排就会被创新，只有这一条件得到满足时，我们才渴望发现在一个社会内改变现有制度和产权结构的企图"。[①] 纵观人类历史的发展进程，依据形成主体制度变迁可分为三种：由个人独自推进大家效仿的制度变迁、由利益集团推动的制度变迁、由政府强行推进的制度变迁。制度变迁主体是由个人、利益集团还是政府推动，主要取决于两个因素：一是每种层次安排中各自收益和成本的比较。在个人安排中，没有组织成本和强迫性服从的成本，但收益有限；在利益集团和政府安排中，都要支付创新的组织成本，并且这种成本随人数增加而增加。通常，利益集团的组织运行成本要高于政府的组织运行成本，但强制性服从的成本普遍存在于政府安排计划中。二是团体的非市场和市场力受制度安排影响的大小。随着受影响的团体权利的逐渐变大，其对制度安排的影响也会逐渐增大。如在 19 世纪 30 年代的美国，因资本市场不发达，铁路建设最初采取私人和政府合伙形式，二十年后，资本市场得到改善，就被股份公司这种新产权安排形式所取代。

制度变迁按推行和实施变迁的方式的不同，还可以分为诱致性制度变迁和强制性制度变迁。

（1）诱致性制度变迁。诱致性制度变迁是指现行的制度安排变换或者更替，抑或创造安排新的制度。它是由一个群体或独立个人自发性地组织、倡导和实行，同时对获利机会作出的响应。它是否发生，受两

---

① 科斯：《财产权利与制度变迁》，上海三联书店 1991 年版，第 274 页。

个决定性因素支配：一是源于创新发展中，相关个人对预期成本与收益进行的比较；二是针对新的制度安排，其他的外部性条件和相应的制度环境给其留下相应的空间和边界，因制度变迁空间所限导致难以出现全新的制度上的安排，历史上这类例子很多。诱致性制度变迁必须伴随着由制度不均衡所带来的某些获利机会而发生，从初始制度均衡，到制度不均衡，再到制度均衡，这样往复循环，这个过程就是制度发生变迁的过程。诱致性制度变迁有五个显著的特点：一是具有营利性。如前所述，只有在制度变迁的预期成本小于预期收益的条件下，诱致性制度变迁的主体才会去推动制度的变迁。二是自发性。它是诱致性制度变迁的主体发现获利机会后自发的追逐利益的本能反应。三是渐进性。诱致性制度变迁是从局部到全局、由下至上的一个缓慢的渐变过程。四是外部性。当一个新的制度安排被创造出来后，模仿这种创新的主体不需要承担创新的成本就可以获得新制度变迁带来的收益。五是可以"搭便车"。制度作为一种公共物品，非竞争性和非排他性决定了每一个制度内的人，都可以获得制度安排带来的好处。外部性和"搭便车"的一个后果是：诱致性制度变迁创新者的报酬少于作为整体的社会报酬，所以诱致性制度变迁创新的密度和频率少于作为整体的社会最佳量，可能会持续地出现制度不均衡和制度短缺。引起诱致性制度变迁的原因一般有四个：制度选择集合的改变、技术改变和社会生产力的发展、要素和产品相对价格的长期变动、其他制度安排的改变。

（2）强制性制度变迁。强制性制度变迁是由政府以行政和法律方式引入、实施而引起的现行制度的变更或替代。与诱致性制度变迁不同，强制性制度变迁的主体是国家。经济学家普遍认为，国家的基本功能之一是提供法律和秩序，并保护产权以换取税收，同时，国家在使用强制力时具有规模经济效应，国家可以比竞争性主体以低得多的费用提供一定的制度性服务，此外，国家在制度实施及其组织成本方面也有绝对优势。强制性制度变迁主要有以下五个特点：一是政府的主导性。强制性制度变迁是通过政府命令和法律引入来实现的，政府是制度变迁的主导因素。二是目的的多元性。强制性制度变迁不再仅仅强调预期收益大于预期成本，有时政府出于非经济目的，如政治的稳定、意识形态的刚性、统治者的偏好、利益集团的冲突等，在公众的预期收益低于预期成本情况下强制性制度变迁也可能发生。三是供给的功利性。强制性制度变迁可能出现制度供给短缺，也可能出现制度供给过剩。作为一定阶级和利益集团代表的政府，制度变迁的方向、形式、程度等必须符合政府的意志。所以，一项制度安排即使有利于多数公民，但对政府无利甚至损害了其利益时，政府也不会按照公众意愿进行强制性制度变迁，相反，还可能阻挠制度变迁。如果相反，一项新的制度安排对于政府有利，对于多数公民不利，政府也可能强制推进这一制度。四是预期收益复杂性。诱致性制度变迁发生与否主要取决于个人或利益集团推进制度变迁后其预期收益是否大于预期成本，这种收益和成本都是基于经济上的考虑，易于量化。但是，强制性制度变迁的主体是政府，由于其目标的多元性，且有些目标是非经济可以度量的，所以，政府的预期收益往往较为复杂，难以量化。五是强制性。强制性制度变迁是以政府的行政权力强制推行的。强制性制度变迁产生的原因在于：第一，供给制度是一个国家的基本功能。当权者需要制定一些相关的规章制度，用以削减治理国家所需要的费用支出。这些相关的规章制度，其中包含了一系列维护和保持国家安全稳定、促进经济繁荣的产权制度。第二，制度安排是一种公共物品。公共物品通常由国家提供。政府"生产"制度比私人"生产"制度更有效。第三，弥补供给制度不足。由于外部性和"搭便车"问题，诱致性制度变迁会出现供给不足，在这种情况下，政府强制力可以减少或抑制外部性和"搭便车"现象，从而降低制度变迁的成本，实现强制性制度变迁对诱致性制度变迁的代替。

第四节　交易费用理论

交易费用概念虽然是由科斯提出的，但科斯并没有给交易费用下严格的定义。一般认为，交易费用是为了完成交易所需要的费用。交易是对人的时间、精力、空闲的配置和耗费。交易的量和次数是可以计量的，交易的成本和收益也是可以计量和比较的。因此，交易同样是稀缺的资源，资源配置的方式和效率自然也就成为交易费用理论的主题。就产权制度的交易费用来说，它包括产权制度的制定、实施、维护的成本和产权制度创新或产权重新安排、调整的成本，因此，产权制度的成本也就是度量、界定、维护和交换产权的成本。交易费用产生的原因有以下几点：

（1）交易主体对交易费用的影响。交易主体作为经济人对是否参与交易、参加何种交易、什么时间、什么地点进行交易等，需要做出选择。因为其时间、精力和交易客体是有限或稀缺的，取此必须舍彼，这种机会成本就是交易费用的一种，即只要需要做出选择，就必须支付代价；无论这种经济人是完全理性还是有限理性，无论交易环境是否确定，其所要进行的交易都不可能自动实现。因此，在交易选择完成后，交易过程中总是要付出代价的。可见，交易主体经济人的人性及其拥有各种资源的稀缺决定了他做出交易选择和实现交易必然付出代价。理性的有限和环境的不确定性及交易对手的机会主义行为等也是增加其交易费用的因素。

（2）交易环境对交易费用的影响。交易环境包括各种类型的交易环境，如市场交易环境、管理交易环境、限额交易环境等。交易环境是一个系统，一个耗散结构。它总是要发出相关信息，总是给交易参与者提供交易的条件和约束。任何交易都必须在特定环境中进行。要参与交易，就必须接受和处理环境信息，这需要付出代价；必须接受环境的约束，这需要做出牺牲，也是代价；必须寻求环境的保护，如法律保护，这需要支付成本，例如纳税以寻求相应的法律保护。无论环境是确定的还是不确定的，无论对手有无机会主义行为，无论交易者的理性程度如何，都不能决定这些代价的有无。但是环境中机会主义行为和不确定性因素的存在，却会恶化交易环境从而增加交易难度，理性的有限也会增加交易难度，从而增加交易费用。

（3）交易客体对交易费用的影响。可以从两个方面来分析交易客体对交易费用的影响：第一，只要某种对象成为交易的对象或交易的客体，就说明：一方面转让者需要转让它而获取别的对象；另一方面，别的交易者需要得到它。这就说明了稀缺性，没有稀缺性的东西是不需要也不可能成为交易客体的。而交易对象要在交易者之间易手，无论如何不可能是自动的，总是要耗费一定的资源，哪怕仅仅是交易对象的位置转移。例如，农民的蔬菜要卖，至少要挑到集市上去或者买者自己到菜地采购，卖的过程要花时间等，交易至少需要马克思所说的"纯粹流通费用"，而无论交易环境是否确定，是否有机会主义行为，交易者是否具有足够理性。可见，交易客体能够和必须成为交易品本身就决定了其稀缺性，从而决定了交易费用的产生。第二，交易技术结构可以影响交易费用的高低，威廉姆森通过考察交易的技术结构对市场结构的影响，揭示了交易客体技术结构对交易费用的作用。他认为随着市场扩大和社会分工的发展，出现了专用性资产。资产的专用性有三种：制造某种部件的设备的专用性即资产本身的专用性；资产选址的专用性；人力资本即人的经验和技术的专用性。资产专用性的出现和强化的本质在于影响市场结构，形成和强化垄断，从而增加这些专用性资产需求者的交易费用，增加了供给者依靠机会主义行为损害需求者的可能性。威廉姆森还分析了"小数目谈判条件"会提高交易费用，实际上"小数目条件"也可以归结为"交易客体的技术结构对交易费用的影响"，因为它无非是指垄断的市场结构。垄断的形成无非是由生产技术的独占，某种资源的独占或其他自然条件（例如地理位置的特殊）的独占造成的。它们都可以包含在威廉姆森的"某种资产专用性"之中。因为交易客体的技术结构上的"专用性"造成垄断，出现所谓"小数目谈判条件"，从而增加交易双方中一方——非垄断地位的一方的交易费用。可见，交易客体的技术结构上所表现的"专用性"是市场交易费用上升的决定因素之一，但是不决定交易费用的产生。

由上可见，交易主体、交易环境和交易客体可单独决定交易费用的产生或存在，任何一个方面与"机会主义行为""有限理性"和"不确定性"条件结合在一起，都会使交易费用上升。而交易主体、交易环境和交易客体是任何一次交易都必然同时具备的三个因素。因此，它们总是同时决定交易费用的产生。而且，它们总是同"机会主义行为""人的有限理性"和"不确定性"结合在一起。也就是说，任何交易者，都是有限理性的、具有机会主义动机和行为的经济人，交易环境总是充满不确定因素，交易对象技术结构上常常具有一定的"专用性"，因此，交易费用总是受这些因素的支配而上升、高涨，直至交易者因不能接受过高的交易费用而放弃交易。不同交易方式的可选择性可以为交易者降低交易费用提供一定的余地，但是不能改变交易的稀缺性。交易总是要付出代价甚至很高的代价。

第五节　路径依赖理论

1975 年，美国经济学家戴维将生物学概念路径依赖引入经济学，其后，阿瑟将其用来探讨规模报酬递增对于经济系统运转的影响，从而使路径依赖这一概念在经济学中得到普遍而广泛的应用。就好比物理力学中的惯性，经济学中的"路径依赖"一词是指人类社会发展中的制度变迁或者技术演进，一经选择某一个路径，无论是"好"还是"坏"，就有产生依赖的可能性。即如果选择一条路径，基本就没有回头的可能，惯性可能会使你"一条道儿走到黑"，很难有进行再次选择的可能。

20 世纪 90 年代后，路径依赖的研究重心由技术变迁转向制度变迁。诺思把阿瑟提出的技术变迁机制扩展到制度变迁中，采用"路径依赖"理论证明，以往的绩效对现在和未来具有很大的影响力，也描述了制度变迁同样具有自我强化和报酬递增的机制。这使得如果制度变迁选择了改变路径，那么在发展过程当中，它原有的既定方向将会得到充分的强化。顺应着原有的路径，政治和经济制度的变迁会出现两种可能：一是进入发展轨道，开始良性循环，快速得以优化；二是可能按照原来选择的错误路径继续前行，没有回头的可能，身陷于无效率的"泥潭"

中而无法自拔，只能依靠于外力的推动或者政府的干预。在制度变迁的过程中，三个原因会引起"路径依赖"：第一，正式的规章制度对经济发展具有累积的、连续的影响，法律通过对个人行为和经济自由度的强有力的约束，从而对经济效益产生影响；第二，非正式制度不易变化，变迁过程具有连续性、渐进性、内生性、缓慢性的特征；第三，与制度息息相关的特殊利益集团可以有效地推动制度变迁的逐步深化和演进。

　　在高校产权制度变迁过程中，需要谨慎地制定改革决策，充分考虑到决策最为直接影响和更加深远的成效，如果发现了路径偏差要尽快采取措施加以纠正，把它拉回到正确的轨道上来，以免积重难返的状况出现。事实上，在高校产权改革问题上，目前已经出现了对无效率制度的路径依赖问题，这主要是因为前期改革目标不明确、改革过程不规范、改革措施不彻底。

第三章

高校产权制度变迁理论的建构

要想对中国高校产权制度的变迁及绩效优化路径进行分析，需要先明确高校产权制度变迁的范畴、必要性等，再通过构建出一个高校产权制度变迁的模型，进行应然分析。

第一节　高校产权制度变迁的研究范畴

高校产权制度变迁实际上是对高校产权权利束下各项权能的权利主体和各项权利重新进行组合划分的一种研究，是高校产权制度创新研究的重要组成部分。已有的高校产权制度相关的研究，多是针对产权制度或者按照所有权进行划分的不同种类高校的单一研究。而高校产权制度变迁研究在真正意义上不只是宏观上的制度安排，也不是单单明确一个"所有权"问题就能够解决的，这一研究需要对高校产权权利束下的所有权、占有权、使用权、收益权和处置权这五项权能的权利主体和权利划分进行系统的分析和把握。另外，以往的研究多是对公立高校和民办高校进行分离式的研究。我们通过对已有研究资料的整理与分析发现，其实高校产权制度变迁的根本意义在于提高高校产权的绩效水平，这个过程需要高校产权权利束下的五项权能进行密切、系统、有效的整合。无论高校主要的所有权归谁所有，其产权制度变迁都离不开所有权、占有权、使用权、收益权和处置权的共同作用，因此高校产权制度变迁的研究范畴主要就是针对高校产权权利束下的五项权能，进行各项权能之内和各项权能之间的权利主体和实有权利的重新组合。

一、研究范畴宏观的基本框架

高校产权制度变迁研究首先要把握研究范畴的宏观基本框架，因为任何一项研究都需要在宏观研究范畴确定之后，才能更加明晰其各组成部分的微观范畴，从而进行深入的探讨与研究。尽管已有的关于高校产权制度的研究多是对公立高校和民办高校进行分别的研究探讨，但是我们发现：对于高校产权制度变迁问题来说，不同类别的高校实际上存在较强的趋同。为了验证此假设，本书在对高校产权制度变迁研究的宏观范畴进行论证之前，迫切地需要明确几个问题：公立高校和民办高校是按照怎样的标准进行划分的？并且如此划分高等学校类别之后对于高校产权制度变迁是否具有重要的影响？如果有影响，又是怎样影响的？

首先，我们研究一下高校划分类别遵循的是怎样的标准问题。我们可以从已有的研究成果中总结得出，公立高校和民办高校主要的划分依据即是高校财产的所有权归属。高校财产归国家所有的为公立高校，民间各类投资者的投资占主要部分的为民办高校。由此可见，两类高校的划分依据是比较单一的，即是按照财产"所有权"为主进行的单一划分。

其次，如此划分带来的影响。事实上高校产权制度安排并不是按照如此单一的权利划分就能对高校的稀缺资源进行最有效的分配，更需要的是高校产权权利束下各项权能的权利主体和实有权利之间的组合与有效配合。不管是经济层面还是法律层面上，对于高校产权的定义都不单单是所有权这一种权利，普遍都认可高校产权实际上是以权利束的形式存在的，既包括处于核心地位的"所有权"，也包括不能被忽视的"占有权""使用权""收益权"和"处置权"，这五项权能共同组建了高校产权的产权结构，缺一不可。因此，对于高校产权制度变迁的研究，不应该被"公立高校""民办高校"这样标签式的分类所束缚，应该在宏观上直接对高校产权的所有权、占有权、使用权、收益权和处置权进行研究定位，通过研究五项权能之间的关系和权能内部的问题及发展趋势来深入剖析高校产权制度变迁问题。

最后，值得注意的是，高校产权制度安排中的五项权能也是相互关联的，高校产权权利束下的"所有权"是五项权能之中的核心，其他四项权能的拆分、重组或多或少地都会受到所有权划分的直接或间接的影响。但是各项权能又是相对独立的，在受到其他权能安排的影响过程中，又保持着自身的发展节奏和发展方向，对于各项权能的权利主体和实有权利进行有效的拆分和重组将会大大提高高校教育稀缺资源的利用效率。因此，对于高等学校按照财产的"所有权"划分出的几个类别，对于高校产权制度变迁安排还是会产生重要的影响，但是它并不是单一的决定性因素。对于如此分类所涉及的相关问题的研究应该归于高校产权权利束下的"所有权"的微观范畴研究。而在宏观范畴框架之中，公立高校和民办高校都是属于"高校"之下的一个类别，虽不容忽视与省略，却也难以达到对高校产权制度变迁的单一决定作用。

通过对高等学校类别划分标准的分析过后，实际上已经得到了高校产权制度变迁研究的宏观框架，如图3-1所示。对于高校产权制度变迁进行研究，在宏观上是直接对高校产权的所有权、占有权、使用权、收益权和处置权进行系统性的研究，在宏观层面上没必要对公立高校和民办高校的产权结构各自独立地进行研究。但是这并不是说公立高校和民办高校产权制度安排是完全相同的，也不意味着对于不同类别高校的产权结构的区别不予关注。只是通过以上分析，我们发现无论是公立高校还是民办高校，其高校产权问题都脱离不了五项权能的综合作用，而两类高校的类别划分主要是按照五项权能之中的"所有权"进行划分的，对于其他四项权能不能完全体现，而且两类学校的五项权能的权利主体和实用权利方面也存在着较强的一致性，因此我们选择承认两类高校在高校产权制度变迁中有着各自的一些特性，但是在宏观研究框架中不予单独研究，而是将两类高校独特的产权问题结合其"所有权"性质，进行产权制度变迁研究中微观部分的五项权能之中的"所有权"部分的研究。

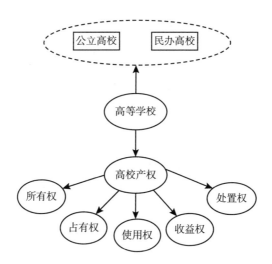

图 3-1　高校产权制度变迁研究宏观框架

二、研究范畴微观的具体方向

在确定了研究范畴宏观的基本框架的基础上，再对高校产权制度变迁研究所涉及的五项权能进行具体研究，能够更为清晰地把握本研究的基本研究脉络。对于本书的研究范畴微观的具体研究方向，我们选择对高校产权之下的所有权、占有权、使用权、收益权和处置权这五项权能的具体研究方向分别进行说明，从而使本书的研究脉络更加清晰。

（一）"所有权"的研究方向

高校产权权利束下"所有权"的归属是划分公立高校和民办高校的主要参考标准，不同种类的高校有着不同的所有权的权利主体，也行使着与之相应的各项权利。对于高校产权制度变迁中所有权的研究，本书的研究主要沿着四个方向展开：一是要确定高校财产所有权的实际归属，明确高校财产的真正所有者主要有哪几种情况；二是不同类别的高校财产归属于不同类别的所有者，进行所有权重组可以提升高校的产权绩效；三是要研究高校财产所有者在高校办学的过程中，有无可能形成既不影响学校，又合理合法的所有者退出机制；四是要研究高校财产所有权与其他四项权能的关系，处于核心地位的"所有权"与其他四项权能可以进行怎样的结构重组。

（二）"占有权"的研究方向

在高校产权权利束下，"占有权"多数情况下对于其他权能的依存度较高，更进一步说，主要是与"所有权"或者是"使用权"相依存。"所有权"的权利主体多数会同样享有高校财产的"占有权"，也有情况下是"使用权"的权利主体通过合法的手段，以签订契约的形式依法获得对高校财产的"占有权"，而非法占有的情况不能说绝对没有，但是均难逃法律的制裁，终究是极少的一种情况，因此我们研究中对于非法占有的情况不予探讨。由于"占有权"的特殊性质，本书对于高校财产占有权的研究方向主要是厘清"占有权"与"所有权"和"使用权"之间的关系，不做重点研究。

（三）"使用权"的研究方向

高校产权权利束下"使用权"是权利束中比较重要的权能之一，"使用权"的合理安排是提高高校财产这一稀缺资源利用率的有效途径。对于"使用权"的研究主要围绕三个方面加以展开：一是要明确"使用权"的权利主体并非单一，高校产权有着区别于其他产权的特殊性，即高校产权的安排要遵循公益性的原则，要在确保教师和学生对于高校财产的使用权得到充分保障的前提下进行研究。但是同时要注意，高校财产的使用权的权利主体又不只有教师和学生，还有高校财产的实际经营者，而且实际经营者又同时包括学校、学校合作者、各类商户等。二是要理清"使用权"多重权利主体之间的关系，如何进行产权结构重组可以最大程度地满足各个"使用权"权利主体的权益达到更高的水平。三是要从宏观的角度，对高校财产的"使用权"与其他四项权能间的密切关系进行深入把握，并找到高校产权制度变迁过程中"使用权"的发展趋势，并把这一权能的权利主体、实际权利与重组方向作为本书的研究重点之一。

（四）"收益权"的研究方向

高校产权权利束下的"收益权"在高校产权研究领域中受到的争议相对较多，公益性、不以营利为目的、可以取得适度收益等条件是"收益权"受到争议的主要研究热点。对于高校产权制度变迁研究中，我们对于高校财产的"收益权"的研究方向主要包括四个方面：一是要探讨收益权主要属于哪些权利主体，履行收益权对提升高校整体的发展水平有怎样的影响？二是要研究"公益性"与"收益权"之间存在怎样的矛盾，如何通过产权结构的调整和变迁以达到在确保高校办学"公益性"的前提下，高校财产"收益权"的权利主体能够取得适度收益，真正享有这项权利。三是要对"收益权"的实际权利进行一个初步的界定，既然国家允许存在合法合理的适度收益，那如何进行产权结构重组以便于达到收益的"适度"需要进一步研究。四是要对这个具有较大争议的权能进行同其他四项权能的联系性分析，找出它们之间的关联与可重新进行结构重组的发展方向。因此，"收益权"这一权能也是本书研究的重点之一。

（五）"处置权"的研究方向

高校产权权利束下的"处置权"同样多是依附于"所有权"的权利所有者，正如在宏观研究框架中提到的，"所有权"虽然不能完全决定高校产权的所有权能，但是仍处于核心地位，对其他权能有着重要的影响。拥有高校财产的"所有权"，通常也会拥有对高校财产的"处置权"，通过处置权的运用，也联结了"所有权"与其他权能之间的关系。因此，对于高校财产"处置权"的研究，主要就是围绕"处置权"与"所有权"的关系加以展开，而处置权与其他三项权能之间的关系，在本书中不做重点研究。

通过对高校产权制度变迁研究中涉及到的高校财产所有权、占有权、使用权、收益权和处置权研究的具体方向进行的阐述，将会使高校产权制度变迁研究的具体研究方向也得以明确。简言之，我们主要是对当前争议较大的高校财产的所有权、使用权和收益权进行拆分与重组研究，但是对于占有权和处置权则暂时不做重点研究，希望可以在以后条件更为成熟的时候能够对此二项权利再进行深入的研究与探讨。另外需要说明的是，本书并不是要把宏观研究范畴和微观研究范畴的研究内容分别展开，而是会以宏观的研究框架为主，将微观研究范畴的内容结合于宏观之中，按照五项权能的框架对高校产权制度变迁展开系统而具体的研究。

第二节　高校产权制度变迁模型的构建

在对高校产权制度变迁的研究范畴做了系统的阐述后，我们就可以由此进行适度推论，逐步构建出高校产权制度变迁理论模型。因为理论模型的构建需要顺应研究范畴而进行划分，即宏观上需要理清高校产权权利束下各项权能间的关系，微观上需要探讨所有权、使用权和收益权三项权能的自身结构调整，对于微观上所涉及的占有权和处置权不做重点探讨，但是会做基本论述。

一、"五项权能"的关系与重新组合

高校产权这一权利束下的五项权能是相互连结、相互影响、关系密切的。但是随着市场经济的发展，高校产权的不断转型，"五项权能"的关系也正在发生一系列的变化。对于高校产权各个权能间关系变化进行梳理，从而对"五项权能"进行重新组合，是形成高效的高校产权制度安排的必要一环。

（一）"五项权能"的关系变化

在整体上来看，五项权能是围绕"所有权"为核心的多项权能相互联结的关系，如图 3-2 所示。从图 3-2 中可以清晰的看出，五项权能之间都存在一定的联系，但是占有权、处置权、收益权和使用权这四项权能又都与"所有权"有着更为直接和密切的联系。在原有的高校产权制度安排中，一直以来都在强调"所有权"的重要地位，但是对于其他四项权能的关系和组合都在很大程度上忽视了，而且对于权能之间的关系划分得也较为模糊。

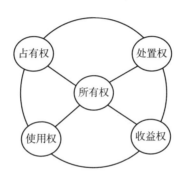

图 3-2 高校产权"五项权能"的关系

实际上，即使在对高校产权制度安排进行重新组合之后，"所有权"的核心地位仍是不可撼动的，因为财产所有者可以同时拥有对其他几项权利的实质性影响是无可厚非的，就像如果一个人拥有一支钢笔，他自然就可以占有它、使用它，并决定是否要将这支钢笔借给其他人或转卖给其他人（行使处置权），从而从中获得收益，也就是一个权利主体同时拥有了五项权能的权利，并且各项权利之间联系紧密。但是，高校产权制度安排又并不同于单纯的某一资产的产权结构，在以高校财产所有权为核心的产权结构中，还有两项权能在产权结构中占据着重要的地位，即"使用权"和"收益权"。首先，对于"使用权"来说，由于高校财产涉及的范围较为广泛，且经营过程中会涉及多个专业性领域，想要高效率使用高校财产资源，就不能单纯地由高校直接行使"使用权"，而是要在确保公益性性质不变的前提下，将"使用权"以签订契约的形式适度地让渡给第三方，从而提升高校财产资源的使用效率。其次，对于"收益权"来说，一是高校财产所有者会拥有一定的收益权，从而在自身投资的高校财产资源中获得一定的合理回报；二是已经让渡出去的"使用权"的权利主体在使用高校财产资源的过程中，也要获得一定的合理回报，因为他们在接受权利让渡时实际上也是某种程度上在进行投资，从而期待合理收益。再次，高校财产的"处置权"和"占有权"仍旧依赖于"所有权"，"占有权"在一些特定的条件下也有可能依赖于"使用权"，从而行使契约规定的权利。最后，综合以上的分析可以看出，高校产权制度变迁已经在现实意义上悄然发生，各项权能之间的关系在发生着区别于原有的"所有权"一家独大的形式，对各项权能间的关系与组合迫切地需要重新进行清晰的划分。

（二）"五项权能"的重新组合

由于高校产权的特殊权利组合形式，和高校转型的发展趋势，原有的以高校财产所有权为绝对主要划分依据的产权结构需要向多项权能紧密联系的多种组合形式来重新划分。

第一，"所有权"与"处置权"的权能组合。所有权与处置权的权能组合，主要是指两项权能的实用权利共属于同一个权利主体，即所有权的权利主体和处置权的权利主体是一致的，如图 3-3 所示。进行如此组合之后，可以清晰划分权利，也可以提升高校财产在配置过程中的效率。决定如何处置高校的财产资源不再需要烦琐的多方干涉，而是转而由高校财产的所有权权利主体在遵循法律法规的基础上直接做出判断，对高校财产进行最能满足高校发展所需的处置。当然，为了确保这一权能组合的实际权利切实得到维护与落实，还需要对所有权的权利范围与权利主体进行更为明确的界定，我们将会在"所有权"自身的结构重组研究中对此再做深入探讨。

图 3 - 3　"所有权"与"处置权"的权能组合图

第二，"所有权""使用权"与"占有权"的权能组合。所有权、使用权与占有权的权能组合主要是围绕"占有权"的归属问题进行的一组权能重新组合。在原有的习惯性划分中，占有权同处置权一样属于所有权的权利主体。但是随着所有权权利主体通过行使处置权而将高校部分财产的使用权以契约的形式让渡给第三方之后，被让渡出去的"使用权"的权利主体就拥有了实际意义上的其所拥有的高校财产使用权。那么在这个过程中，往往会伴随着"占有权"同"使用权"共同得到让渡的情况，即"使用权"的权利主体可以通过契约的形式以合法的手段在规定的时间内拥有"使用权"相对应的高校财产的"占有权"，也就是契约形式下的合法占有，如图 3 - 4 所示。因为在合法占有的基础上，使用权权利主体能够更加自主地行使使用权，从而提高高校财产的使用效率。

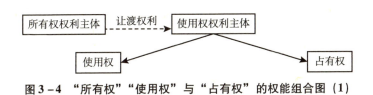

图 3 - 4　"所有权""使用权"与"占有权"的权能组合图（1）

与此同时，对于未发生财产权利让渡的那一部分高校财产的权利仍遵循原有产权结构，即所有权的权利主体同时拥有"所有权""使用权"与"占有权"，如图 3 - 5 所示。

因此，对于这一权能组合要分开来看，既要承认原有的传统组合状态，也要正视重新组合出的新生权能组合的存在意义。

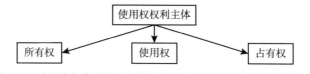

图 3-5　"所有权""使用权"与"占有权"的权能组合图（2）

第三，"所有权""使用权"与"收益权"的权能组合。所有权、使用权与收益权的权能组合是高校产权三大重要权能的关键组合。高校不能以营利为目的，但是避免不了的在高校财产资源投资使用的过程中会产生收益，而且对于高校财产进行合法合理的保值增值也是对高校教育资源的一种保护，有利于提高高等教育稀缺资源的配置效率。那么高校财产的"收益权"究竟应该归谁所有就成为值得探讨的问题，收益权的权利主体不可能是单独存在的，因为在高校的运营中不会出现毫不付出就能够获得收益的主体。那么高校产权中的收益权的权利主体自然是与其他权利共用一个权利主体。"处置权"和"占有权"本来也是依赖于其他权能主体，不能成为"收益权"的权利主体。进而可以推断出能与"收益权"共用权利主体的依旧是"所有权"与"使用权"。权能组合分为两种形式，一是传统意义上的所有权的权利主体同时是收益权的权利主体，权利主体凭借对高校财产的"所有权"取得"收益权"，如图 3-6 所示。二是与"所有权"权利主体分离开来的"使用权"权利主体作为相应的"收益权"的权利主体，如图 3-7 所示。由于所有权的权利主体是高校的直接投资者，有权利获得相应的收益。而分离出来的"使用权"的权利主体对于其所占有和使用的高校财产也是某种意义上的再投资行为，因此同样拥有与之相对应的"收益权"。

图 3-6　"所有权""使用权"与"收益权"的权能组合图（1）

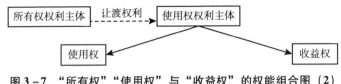

图 3 - 7 "所有权""使用权"与"收益权"的权能组合图 （2）

　　高校产权权利束下的各项权能之间联系的密切性并没有发生改变，结构重组主要发生变化的是高校财产所有权的权利主体通过行使处置权，将部分的"使用权"让渡给第三方，从而形成新的使用权权利主体，从而形成新的产权结构形式。新的产权结构下，以使用权为权利主体的第三方，可以通过签订契约而获得相应"使用权"的同时，获得由"所有权"权利主体让渡的"占有权"和"收益权"。与此同时，未进行权利让渡部分的高校财产的五项权能的权利实际上仍属于同一产权主体，即属于所有权的权利主体。由此可见，高校产权制度变迁实际上是要形成"双轨并行"的产权结构体系。一是要保证维持高校公益性性质不变的、与实际教学直接相关的高校财产的五项权能仍归所有权的权利主体所有，进而由同一个主体对五项权利的行使进行统一划分；二是对可以进行权利让渡的高校财产进行使用权、占有权、收益权的让渡，引进更为专业的第三方团队来充分实现高校已有财产资源的实际价值，在不损害高校整体办学质量的同时提升高校财产资源的使用效率。但是，在实行"双轨并行"的产权结构体系的同时，要重视各项权能权利主体的确定与实际权利的边界限制，在签订严谨的契约的前提下做好监督工作，以利于切实实现各项权能的实际价值，提升高校产权的实际绩效，促进高校财产资源的高效配置，做到高等教育资源既不过度浪费也不过度闲置，从而实现高等教育资源配置可以达到帕累托最优的状态。

二、"三项权能"的自身结构重组

　　高校产权的五项权能之间的关系可以通过重新组合来提升高等教育

资源的配置效率，而各项权能自身的结构重组可以明确具体的权利主体与实际权利，是各项权能之间进行重新组合、相互联系的重要基础。通过对五项权能的权利主体、实际权利、权利影响程度的综合考量，我们发现高校产权权利束下的"所有权""使用权"和"收益权"这三项权能可以通过自身权利结构重组来促进各项权能更加充分地发挥自身的作用，进而提升高校产权的整体效率。而"占有权"和"处置权"两项权能的影响程度相对较小，在此，对这两项权能的自身结构重组问题不做深入研究。

（一）"所有权"自身的结构重组

所有权是高校产权权利束中的核心权利，无论在高校产权制度变迁前还是变迁后都不会发生根本性的改变。但是对于所有权的产权主体和实际权利却可以通过自身结构重组的形式，在本质上提升高校产权制度的实际绩效。当前我国高校的所有权的权利主体主要包括国家、民间投资人、企业投资人和高等学校法人，似乎权利主体划分较为明确，但事实上并不尽然。

第一，"所有权"结构重组的原则。以国家为单一投资者的高校多为公立高校，其高校所有权的权利主体为国家，但是"国家"这一权利主体能够行使权利的部门有很多，并且都有着重大的影响力，但是对于谁能够直接行使高校建设过程中的权利很难给出一个明确的界定。这在行使"所有权"以及所有权相关的其他权利的时候，公立高校的决策就需要经过较为烦琐和复杂的决策过程，就很容易产生时滞，错过最好的建设机会，也容易在高校建设过程中留下"追责困难"的管理漏洞，从而降低高校财产资源的利用效率。另外，由于国家作为单一所有权权利主体也很容易造成高校建设缺乏灵活性，而且单一的国家所有权控制力强大，也容易走向僵化和滋生"寻租"等问题。适当的权利约束可以提升资源的配置效率，但是过多的约束则会产生相反的作用，从而降低资源的配置效率，如图 3 - 8 所示。

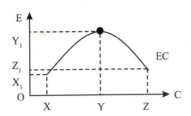

图 3 - 8　高校财产所有权的"效率—约束"曲线

　　图中 EC 代表高校财产所有权的"效率—约束"曲线，其中，横轴 C 表示所有权受到的约束（constraint）程度（约束程度主要取决于国家对高等学校建设的影响力大小），纵轴 E 表示高校财产资源配置在不同的所有权约束程度下对应的效率（efficiency）水平。当约束程度在 X 处时，与之相对应的财产资源配置效率处于 X_1 处，效率相对较低。随着约束程度的不断提高，财产资源配置效率会随之增高，呈正相关趋势发展，直到约束程度达到 Y 处时，高校财产资源配置效率达到最佳状态的 Y_1 处，此时的高校财产资源配置情况已经达到帕累托最优状态。如果此时所有权的约束程度继续加大，并逐渐向 Z 处及以后推进，那么高校财产资源配置效率会不断随之下降，从而形成资源配置效率与所有权约束程度的负相关发展趋势。一直以来，公立高校受到的约束程度都在 X 向 Y 处推进的发展状态下，并且逐渐呈现要超过 Y 处向 Z 处发展的趋势，在此过程中我国相关教育部门一直都在寻找解决办法，提升公立高校的发展灵活性，平衡约束程度与资源配置效率。当高校的所有权约束程度从 Y 处向 Z 处发展的过程中，高校财产资源的配置效率开始不断下降，那么为了改变这种状况，较为有效的方式就是适度地减少约束程度，从而适度地增加高校所有权权能发展的灵活程度。增加灵活程度较为有效的方式就是引进国家以外的所有权权利主体，也就是放宽投资者参与的范围。

　　从 1978 年恢复高考开始，为了满足高等教育、职工教育与文化补习等众多的社会需求，民办高校开始以公益的形态在高等教育的舞台上发光发热，在满足社会需求的同时，也增加了高等教育发展的灵活性①。但是，就像约束程度对高校财产资源配置的激励作用会在达到极值之后产生反作用一样，高等教育所有权发展的灵活性也需要在适度范围之内，如果过于灵活则会造成高校财产资源配置的效率随之降低。我国民办高校的所有权主体往往不是单一的，而是由多个投资者共同构成民办高校的产权主体。民间投资人的个人投资、企业投资人的法人投资、捐资者的助学资金、国家对民办高校的扶持投入等都成为民办高校的主要投资来源，这在一定程度上丰富了民办高校财产所有权的权利主体，增加了高校财产资源配置的灵活性，提升了高等教育资源配置效率。但是由于民办高校的所有权权利主体组成较为复杂，实际权利实施的过程中阻碍重重，并且容易出现监管不利的问题，比如说有的民办高校的所有权权利主体过度使用高校教育资源，并将高校的财产资源挪为他用，会极大地影响高校的办学质量。因此，民办高校所有权的权能需要得到更加明确的划分，并且需要在一定程度上得到国家的监督与管理，适当的约束才能促使民办高校的财产资源配置效率得到进一步提高。

第二，不同"所有权"结构下的高等教育资源配置效率。由以上的分析可知，无论是公立高校还是民办高校的所有权权能组合中，都离不开国家对高校权利的约束。无论权利主体的组成多么复杂，都需要通过对实际权利实施的约束来促进所有权形成，既有约束又有灵活性的高效率的高校产权权能结构，只是这个过程中约束所产生的影响程度各不相同，但是发展趋势却无比相近，如图 3-9 所示。

图 3-9 中，PUB 和 PRI 都是高校财产所有权的"约束—效率"综合曲线，其中横轴 E 表示高校财产资源配置效率（efficiency），纵轴 C 表示所有权在不同资源配置效率水平下对应的所受约束（constraint）程度。PUB 曲线是公立高校（public university）的"约束—效率"曲线，PRI 曲线是民办高校（private university）的"约束—效率"曲线。从图中可以看出在高校财产资源配置效率较低的 A 处，公立高校的"约束—

---

① 郑锋：《民办高校财产权纠纷失范的路径探析》，载《黑龙江高教研究》2011 年第 7 期，第 1~7 页。

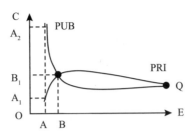

图 3 - 9　高校财产所有权的"约束—效率"综合曲线

效率"曲线对应的是 A_2 处的约束程度，此处的约束程度是相对较高的；民办高校的"约束—效率"曲线对应的是 A_1 处，此处的约束程度是相对较低的。由此可见，过高的约束程度和过低的约束程度都不利于提升高校财产资源的配置效率，这在一定程度上也验证了图 3 - 8 的"效率—约束"曲线所呈现的高效率点 Y 点两侧的约束程度都会降低财产资源的配置效率的假设。图 3 - 9 中的曲线走势可以明显地看出，公立高校和民办高校在意识到自身存在的问题之后，会自发或间接地对所有权的权能的约束程度加以改变，从而促使高校的财产资源配置向更有利的、均衡的方向发展。当高校财产资源配置水平达到 B 处时，公立高校和民办高校所受到的约束程度相等，皆对应在 B_1 处，而从 A 到 B 的过程中，无论是公立高校还是民办高校的受约束程度的改变比例都是较大的，从图中可以看出 B 点之前两条曲线都是较为陡峭的，由此也可以验证在 B 点之前高校所有权的约束程度有较大的调整空间。但是在 B 点之后，两条曲线都趋于平缓，并有趋于再次相交的趋势，而再次相交的点很可能是 Q 点，交于 Q 点之后两条曲线有汇为同一条直线的可能。曲线趋于平缓是因为在高校财产所有权达到合适的约束程度之后，将会保持最佳的约束程度来促进高校财产资源配置效率不断得到提高，从而也在资源配置效率得到提高的过程中起到支持作用。还需要注意的一点是，为什么所有权受约束程度不再发生过多变化之后，高校财产资源配置效率还会得到不断的提高？这是因为所有权的受约束程度并不是高校财产资源配置效率的唯一影响因素，它只是一个重要因素，当这个重要影响因素的结构进行合理调整过后，高校财产资源配置效率会趋稳升高。当其他影响因素也得到合理的调整组合之后，财产资源配置效率会得到进一步的提高，而此时的所有权约束水平若已达到最佳水平，则不需要随之再次发生改变。

第三，"所有权"结构重组的发展趋势。已有的高校产权的所有权权能分配显然尚未达到最佳状态，公立高校财产所有权仍是国家占据绝对主导作用，约束程度相对较高，大量的财产资源投入却未达到财产资源配置的高效率状态，仍然可以进行帕累托改进。民办高校的财产所有权虽说是属于多方投资者共有，但是主要的投资者还是占据着主导地位，对于所有权的约束作用真正意义上还是需要明确权利主体拥有的实际权利比重，并通过明确国家在民办高校所有权行使过程中所起的作用，来对民办高校所有权的权利主体与实际权利进行适度的约束，以利于提高民办高校财产资源的配置效率，目前同样存在帕累托改进空间。高校产权中所有权通过重组后的发展趋势如图 3 - 10 所示。

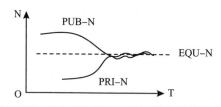

图 3 - 10　所有权归属不同的两类高校发展趋势

图 3 - 10 中展示了公立高校和民办高校所有权内部结构重组后的学校数量变化趋势。其中，横轴 T 表示时间（time）的推移，纵轴 N 表示高校总体数量（number）的走势。PUB - N 曲线表示的是公立高校的数量（number of public university）随着时间推移所发生的变化和发展趋势。PRI - N 曲线表示的是民办高校的数量（number of private university）随着时间推移所发生的变化和发展趋势。EQU - N 虚线表示的是理想中的高校均衡数量（equilibrium number of universities），这是一个假设出的理想状态，当公立高校和民办高校的学校数量无限趋近于这条曲

线的位置时，所有权的归属划分将达到最佳状态，高校财产资源的配置效率也将达到较高的水平。由图 3 - 10 中的 PUB - N 曲线可以看出，随着时间的推移公立高校的数量是逐渐减少的，直到趋近于均衡曲线之后数量才趋于稳定。这并不代表公立高校的发展走向衰弱，而是意味着公立高校正在并将持续地通过所有权结构的变革，由求"多"、求"大"向求"强"转变。单一的以国家为所有权主体的公立高校数量在逐渐减少，正是因为公立高校在遵循"约束—效率"曲线的规律，适度减少国家对高校财产所有权的约束程度，适度引进有利于提升高校财产资源配置效率的国家以外的高等教育投资者，改变单一的国家所有的所有权结构，从而提升整体的产权效率。PRI - N 曲线显示的是民办高校的数量随着时间的推移不断的增加，直到接近均衡曲线的时候民办高校的数量会随之趋于稳定，不再发生过于巨大的变化。另外，从曲线的起始位置可以注意到，以新中国的成立作为图 3 - 10 的 O 点，PRI - N 曲线较之 PUB - N 曲线的起点相对较远，相对较为陡峭，意味着公立高校的发展起步要早于民办高校，但是民办高校却拥有较大的发展潜力。

拥有发展潜力并不是说民办高校的办学质量就一定优于公立高校，而是从所有权结构变革的角度来说，公立高校的所有权权利主体较为单一，约束力强度较大，引入灵活的其他投资者以促进高校的整体产权结构多元化发展是必然的趋势。而民办高校的所有权权利主体较为丰富，灵活性要优于传统的公立高校，增加民办高校数量有利于提升高校的灵活性与整体产权效率，但并不是说民办高校数量的增加要忽视国家对高校办学的约束作用。由于民办高校所有权权利主体的多样性，国家其实可以通过对民办高校的扶持与投资来成为民办高校的投资者之一，进而发挥应有的约束作用。通过对公立高校和民办高校整体数量变化趋势的分析，实际上可以看出：无论是公立高校数量的减少，还是民办高校数量的增加，在实质上都是对高校产权中所有权权利主体的组成进行重新调整，改变单一的所有权组成形式，形成既有灵活性的多方投资者参与，又有具有约束力的国家参与其中的混合所有制高校形态，明确不同投资比例的所有权权利主体应该同样享有不同比例的实际权利，使新的所有权的权利主体组合能够促进财产资源配置更加趋近于帕累托最优状态，达到较高的高校产权制度绩效水平。

（二）"使用权"自身的结构重组

高校产权权利束下使用权的权利主体与实际权利之间的关系与组合一直都是较为模糊的，传统上对于高校财产使用权的划分多是指向所有权权利主体，认为所有权的权利主体能够直接享有与之对应的使用权，这种简单且模糊的组合方式实际上并未完全划分出使用权的多项权利主体，也不利于提升使用权的权利使用效率。通过对高校财产使用权的权能梳理，我们认为高校财产使用权的"权利主体"主要可分为三类：一是高校本校内的广大教师和学生，他们是该高校财产资源的直接使用者，也是必须充分满足其使用权的一个群体；二是高校所有权的权利主体，他们在对高校建设进行投资的同时也应该享有高校财产的使用权；三是高校所有权主体为了更好地实现其财产资源的配置效率，从而将部分高校财产使用权让渡给具有专业经营能力的第三方，从而形成新的使用权权利主体，这种使用权的权利主体多是通过签订契约的形式确定自身的"使用权"权利主体地位、权利范围和使用年限。三类使用权权利主体之中，高校师生对学校财产资源的使用权是不容动摇和改变的，由于高校本身不同于普通企业，其产权存在的本质意义就是要满足其教育的公益性，高校师生在学校之中进行教学和学习活动要使用的学校财产是一定要优先满足的，其他权利主体行使的使用权都要在满足了师生使用权的前提下进行，并且要保障师生的使用权的使用效率至上，三类权利主体使用权的权利使用效率与权利分配关系如图 3 - 11 所示。

在高校财产使用权的"使用效率—权利"曲线中，横轴 R 表示的是使用权的权利（rights）大小，纵轴 U - EF 表示的是高校财产使用权的使用效率（use efficiency）随着不同使用权权利主体配比的实际权利大小的变化而发生的改变。

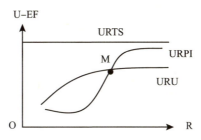

图 3 − 11　高校财产使用权的"使用效率—权利"曲线

图 3 − 11 中的 URTS 曲线是师生使用权（use rights of teachers and students）的"使用效率—权利"曲线，从图 3 − 11 中可以看出该条曲线实际上是一条水平的直线，其使用权权利的使用效率始终保持不变且处于较高的位置，无论实际权利大小发生怎样的改变，其使用效率都要高于其他两个使用权的权利主体。需要说明的是，高校师生作为高校产权使用权的权利主体是相对独立的，这个特殊的权利主体既不拥有高校财产的所有权，也不会获得高校财产的收益权，既不能行使对高校财产的处置权，也不以任何形式享有对高校财产的占有权，他们只是在高校产权公益性特殊属性下的实际使用权的权利主体，通过他们对高校财产的使用来实现高校办学的终极价值，因此其使用效率要确保高且稳定。

图 3 − 11 中的 URU 曲线是高校自身使用权（use rights of university）的"使用效率—权利"曲线，从图 3 − 11 中可以看出该条曲线在 M 点之前，随着自身使用权权利的增大，其权利使用效率也随之不断增大，直到达到 M 点之后趋于平缓，也就是达到其使用效率的最优状态。高校自身作为使用权的权利主体不同于高校师生，高校自身的使用权的获得是承接于所有权的权利主体，也就是说高校自身的使用权的权利主体同时也是其所有权的权利主体，而且还会在行使权力的过程中享受一定的收益权。高校自身拥有财产使用权的情况下，对于使用权的权利主体的界定实际上就是多个权能的权利主体合一。高校自身既是为了确保投资的高校财产资源能够保值，也是为了适度地获得一定的收益，使用权的权利主体会不断地提升自身的权利使用效率，随着使用权的实际权利

在不断增大，权利的使用效率也在不断提高的趋势之中。但是高校自身的经营能力有限，当使用权的使用效率达到自身的最优状态时，其权利的使用效率就不再随之提高，而是趋于稳定，但是这种最优状态的权利使用效率并不会超过高校师生的使用权的使用效率。

图 3－11 中的 URPI 曲线是高校内专业机构使用权（use rights of professional institutions）的"使用效率—权利"曲线，此处所说的高校内专业机构是指接受高校所有权权利主体让渡的部分使用权的第三方专业结构，也就是高校中新形成的使用权权利主体。这一使用权的权利主体与高校自身的使用权权利主体比较相似，在行使使用权的过程中都会享有一定的收益权，但是不同的是这一权利主体并不享有任何的财产所有权，因此这一权利主体行使实际权利是受到契约约束的，无论是权利范围还是权利时限都没有高校自身那样充分自由。正是因为此权利主体是接受让渡的使用权，权利使用中会受到一定的限制，第三方使用权权利主体会充分利用自身经营的专业水准，来充分地利用其获得的使用权的实际权利，从而在遵守契约约定的前提下达到权利使用效率的最大化。正如图 3－11 中曲线所示，随着作为第三方的校内专业机构的使用权利在不断增大的过程中，权利的使用效率也在不断得到提升，甚至在与 URU 曲线交于 M 点后，权利使用效率仍在得到提升，直到接近 URTS 后才趋于平缓。也就是说校内专业机构的使用权的权利使用效率较之高校自身的使用效率更有发展潜力，因为他们具有更加专业的经营水平，同时，出于自身利益考虑更关心高校财产资源的使用效率。但是无论发展潜力多么大，都不可能超越高校师生使用权的权利使用效率。

对高校财产使用权的各个权利主体与其权利使用效率进行分析之后，高校财产使用权自身结构重组的发展方向也就有了较为清晰的呈现。一方面，要明确高校财产使用权的三个权利主体。按照是否有收益需求分为两类：一类是以高校师生作为产权主体的纯公益性的使用权权利主体；另一类是以高校自身和享有契约规范的使用权的第三方专业机构作为使用权的权利主体，在行使权利的过程中有获取收益权的需求。另一方面，在权利重组的过程中要更加重视第三方专业机构在高校资源配置中所起到的重要作用。由于第三方机构是通过契约的形式确定的有一定限制的使用权并从中获得相应的收益，实质上也是一种对高校的投资行为，他们需要通过行使高校财产使用权而获得一定的收益，而这种收益又不能影响到高校的公益性性质。那么第三方专业机构更加需要通过提升使用权的实际权利使用效率，来弥补自身存在的权利限制从而获得应有的收益，最直接的方式就是利用自身的专业优势，通过对高校财产的高效使用来提升权利的使用效率。这在一定意义上来说，在不损害高校办学公益性的前提之下，将部分使用权让渡给专业的机构来做，实际上就是使用同样的权利带来了更高的权利使用效率，从而直接地提升了高校财产资源的使用效率，促进了高校产权绩效的提升。因此，在对高校财产使用权的权利进行重组的过程中，要以明确三个产权主体的两类不同属性为前提，在保证高校办学公益性的前提下，通过加强监督和提升专业使用水平的方式来促进三个产权主体的实际权利使用效率得到提高。

（三）"收益权"自身的结构重组

高校产权权利束中关于收益权和收益分配的问题一直是争议较大的。高等学校具有自身的公益性，其非营利性决定了其收益权能的特殊性，高校获得的收益一定要用于教育事业的投入，一定要用在高校的可持续发展之上[1]。但是容易被忽视的问题是"公益性"和"收益权"或"收益分配"并不是完全冲突的，适度的收益和收益分配可以起到激励作用，可以提升高校财产资源的利用效率。当前的法律规范中已经有规定允许高校获得适度的回报，但是却并没有明确"适度"究竟是怎样一个范围，模糊的权利划分并不利于收益权权利主体高效率地行使实际权利。我们认为所谓的适度回报，是指高校在办学过程中不能为了获取收益而忽略教育的质量与公平性，实质上应当是做好对高校教育质量的监管，

---

① 陈鹏、王雅荔：《基于公立高校法人财产权特殊性的贷款制度设计》，载《陕西师范大学学报（哲学社会科学版）》2012 年第 6 期，第 147～153 页。

而不应是限制高校在合法的运营中尝试获得合理收益的权利。高校也可以尝试对获得的收益以奖励或分红的形式使各权利主体取得一定收益，但是前提是此种收益是控制在学校维持基本运营和保证长远发展的教育资源储备充足的情况下。换言之，适度的回报会充分发挥其自身的激励作用，从而在整体上提升高校的财产资源配置效率，如图 3 – 12 所示。

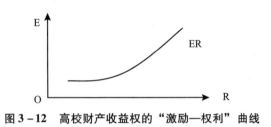

图 3 – 12 高校财产收益权的"激励—权利"曲线

图 3 – 12 中的高校财产收益权的"激励—权利"曲线 ER 直观地展示出"收益权"权利的大小与高校运营中的激励作用之间的正相关关系。横轴 R 表示的是收益权权利主体拥有实际权利（rights）的大小，纵轴 E 表示的是随着收益权实际权利的变化，高校运营中权利主体各方受到的激励（excitation）效果发生的变化。从图中可以清晰地看出，随着收益权的实际权利不断增大，激励效果也越来越明显，在保证高校"公益性"运营的前提下，各个权利主体能够获得实际的收益权利，更有利于激励他们提升投资高等教育建设中的热情，进而提升高校财产资源的运营效率。实际上，不容置疑的是：高等教育本就是一种长远的投资，为国家和社会培养人才、输送人才，同时高校也是先进理论、先进技术的创新和创造基地。所以，从长远来看高等教育本身一定会在投资过后获得收益，只是收益未必是以显而易见的具体数字所能统计的，它可以是简单的物质回馈，也可以是通过人才的输出或先进理论与技术的输出直接或间接转化出的社会收益。

对于投资到高校发展中的教育资源来说，除了要满足"公益"需要之外，同样需要保值、增值才更能促进资源的利用效率得到提高。而且，在高校经营过程中实际上是一群精英人才在维持着高校的有效运营，想要培养出众多的优秀人才，现实中是另一批优秀的人才在维系着这样一个教育圣地的稳定发展，这些在高等学校中工作的优秀人才也曾经为成才而进行了众多的时间投资和物质投资。所以，在他们努力地为国家和社会培养更多人才的过程中，应该得到属于自己的合理回报。虽然说基于高校建设的公益性属性，国家已经充分地考虑到高校工作人员的物质需求，并尽力满足他们的实际需要，但是如果他们能够获得自身劳动成果带来的额外收入，享有高校运营过程中的部分收益权，以奖励或分红的形式得到部分的收益，则会受到"收益权"的激励而更加努力地为学校的发展尽心尽力，从而带动整个高校向更有活力、更高效率的方向发展。

可见，由于高校产权中"收益权"这一权能的权利主体是依赖于"所有权"和"使用权"的权利主体，而实际上"所有权"和"使用权"的权利主体也并不是单一的，都可以是由多个权利主体组合而成的，因此高校产权中"收益权"的权利主体自然也是多元的。但是无论权利主体如何多元，最终维系高校运转的依旧是每一个自然人，是他们用自己的智慧和付出在推动着高校向更好的方向发展，他们需要更多的激励来促进他们更加充分地开发自己的各项潜能，从而共同促使高校提升其自身优质资源的配置效率。在高校"收益权"自身的结构重组过程中，实际上就是要确保高校在公益性经营的基础上，对于额外物质收入的"收益权"进行下放，针对不同的收益权权利主体，根据他们为高校建设做出的贡献，按照一定的比例进行区别划分，可以选择"多层受益、多层分配"的方式对收益权进行层层下放，从而最终将收益权合理地下放到每一个自然人身上，充分地发挥收益权的激励作用，调动高校教师和其他工作人员实际的工作热情，从而更为实际且效果明显地提升高校财产资源的利用效率。

第三节　高校产权制度变迁原因的理论分析

中国高校产权制度变迁的根本原因在于高校产权权能结构的可分离

性、高校产权权能的可共享性和高校产权制度安排的均衡性趋向。

一、高校产权权能的可分离性

高校产权权能的可分离性是指高校产权除了所有权权能以外的其他权能，如占有权、使用权、收益权和处置权这些权能，可以脱离狭义产权（所有权）而单独存在，当然也可以与所有权组合在一起而存在。这里仅探讨高校产权权能的永久分离和暂时分离。

1. 高校产权权能间的永久分离

高校产权中的所有权权能具有确保高校产权性质的作用。因此，当占有、使用、收益、处置等权能（除所有权权能外）中的部分或全部从高校产权永久分离后，只要所有权权能存在，高校产权的性质仍然不变。在这一情况下，其高校产权权能结构可以永久缺失这些权能中的部分权能或全部权能。虽然在现实中，中国高校产权的以上各权能永久从所有权分离的情况几乎没有，但不能否认这种情况在法律上和理论是存在的，在国外也是被现实证实了的。

2. 高校产权权能间的暂时分离

当高校产权中的占有权、使用权、收益权和处置权等各权能的部分或全部与所有权仅仅是暂时分离时，高校所有者将暂时失去这些权能，这时的产权权能结构对于高校所有者而言是不完整的。由于此时高校产权权能的暂时分离，所以，这时的高校产权权能结构包含两部分权能：一部分是显性权能，即高校财产所有者现在能享有的、未被分离出去的权能；另一部分是隐性权能，即已分离出去的，现在尚未回归的权能。隐性权能是一种潜在的权能，是将来才能行使的权能，而显性权能是现在可以行使的权能。由此可见，在高校产权权能分离前，高校产权权能结构由所有权、占有权、使用权、收益权、处置权等完整产权权能组成，但是，在高校产权权能分离后，其所有权权能结构就变得不再是完整的了，就将会永远或暂时地缺失一部分产权权能。高校产权权能的永久分离与暂时分离对于高校来说，所有权在权能结构上是有区别的，前者的权能结构仅由未分离出去的显性权能构成，而后者实际上是由显性权能和隐性权能构成。

二、高校产权权能的可共享性

高校产权权能的可共享性是指将高校产权中的狭义所有权、占有权、使用权、收益权和处置权等权能中的部分权能或全部权能，可由原来的所有权主体或原来享有占有权、使用权、收益权和处置权等权能的产权主体与新的权能受让人共同分享。高校产权权能的可共享性与高校产权权能的可分离性是不同的，高校产权权能的可分离性是将高校产权中的各项权能的部分或全部分离出去，由权利受让人暂时或永久单独享有。而高校产权权能可共享性则是原权利人与受让人共同享有该分享的权能。高校产权所有权中的终极所有权不能分离而成为单独的权利，但是可以被共享。高校产权权能的分享可分为以下几种类型：（1）按高校产权权能被分享的多少为标准，可分为高校产权权能的整体分享和高校产权权能的部分分享。高校产权权能的整体分享是指将高校产权中的所有权、占有权、使用权、收益权、处置权等权能全部分享给同一个受让人。在这一情况下，原高校产权所有权人与受让人各自的高校产权权能结构都包括了以上所有权能，只不过是这些权能都被双方所共有。高校产权权能的部分分享是指将高校产权的各权能全部按份分享，由原权利人与受让人共同按份享有；或者将高校产权的各权能中的几个权能分享，由原权利人与受让人共同享有。高校产权权能的部分分享又可分为全部权能按份分享和部分权能的分享。全部权能按份分享即按份共有，它是指将高校产权的各权能按份分享，由原权利人和受让人共同按份享有。这时，原所有权人和受让人各自的高校产权权能结构也都包括各权能，只不过这些权能都被按份分享。部分权能的分享是指将高校产权除所有权外剩余的权能分享，由原权利人和受让人共同享有。这时，原权利人的所有权权能结构同样包括各权能。但是，非所有权权能则可以与受让方共享。（2）按高校产权权能分享的时间长短为标准可划分为高校产权权能的永久共享和高校产权权能的暂时共享。高校产权权能的永久共享是指将高校产权中的各权能的部分或全部永久地与权利受让人共享，这种共享具有长期特征，除非高校像企业破产那样解体，否则共享者在高校存续期内可一直拥有高校产权的全部或部分权能。高校产权权能的暂时共享是指将高校产权中的所有权能的部分或全部暂时分享，这些分享的权能期满时自然回归，高校产权的共享者只是短期共同拥有高校产权的全部或部分权能。

三、高校产权制度安排的均衡性趋向

高等教育自它诞生的那一天起就担负着创新的使命。适度的、多元化的高校产权制度安排有利于高校的知识创新和创造。

假设一：完全公立的产权结构安排不是最理想的高校产权制度安排状态。我们认为，在一个国家中，所有高校都是公立的产权结构不是有效率的产权结构。实践已经证明：完全垄断会造成市场失灵，没有竞争，会导致高校缺乏创新动力。所以，完全公立的产权结构不是最理想的高校产权制度安排。

假设二：过度分散的产权结构安排也不是最理想的高校产权制度安排状态。过度分散的高校产权制度安排，是高校产权制度安排的另一种极端状态。这就如同完全竞争状态的市场，过度竞争，会导致高校因缺乏资金而不具备创新能力。所以，过度分散的产权结构也不是最理想的高校产权制度安排。

假设三：适度的、多元化的产权结构安排才是理想的产权结构状态。换言之，高校产权制度安排需要强调"中庸"，过犹不及，需要注意"度"。这个"度"，可能是一个均衡点，也可能在一个区间实现均衡。在这种状态下，高校既有资金作为创新的物质基础，又有竞争导致的创新动力，所以，适度的、多元化的产权结构安排才是理想的高校产权制度安排。

这三个假设可以用图 3 - 13 加以说明。图 3 - 13 （a）中，横轴 D 表示高校产权结构的分散性，纵轴 C 表示交易成本，L_1 为产权使交易成本降低曲线。从图可以看出，随着高校产权结构分散程度的提高，交易成本降低曲线是先升后降的。在 D_1 以前，边际交易成本降低的值，即曲线上点的切线的斜率是正值，且呈现出递增趋势，但过了 D_1 以后，却一直递减，过了 D_2 以后，甚至变为负值。这里有两点比较特殊：一个是 E 点。E 点切线斜率为 0，边际交易成本降低的值从此点由增转减。另一个点是 D_2，边际交易成本降低的值从此点由正转负。究其原因是：高校产权结构分散程度的提高，尽管能够降低高校产权的交易成本，但受边际收益递减规律影响[1]，其降低交易成本的边际量会越来越小，体现在 L_1 曲线的点的切线的斜率的下降上；到了 E 点，L_1 曲线的点的切线的斜率为 0，意味着此时高校产权结构分散导致交易成本降低的值达到最大，过了此点交易成本降低的值开始下降；过了 D_2 以后，如果高校产权结构继续分散，交易成本降低的边际值为负，导致产权使交易成本降低曲线开始为负值，即到了 D_2 以后，因为交易成本累积的下降达到最大值，交易成本已经是最低了，此时高校产权结构分散将会出现"过犹不及"，将不能再起到降低交易成本的作用了。

图 3 - 13 （b）中，横轴 D 同样表示高校产权结构的分散程度，纵轴 C 表示交易成本，L_2 为高校产权的交易成本曲线。与图 3 - 13 （a）中的 L_1 曲线相对应，图 3 - 13 （b）中，随着高校产权结构分散程度的提高，交易成本曲线是先降后升的，但在 D_1 前，下降的速率递增，在 D_1 后，下降的速率递减，在 D_2 后，呈现出上升的特征。换言之，在从原点到 D_1 之间，随着高校产权结构分散程度的提高，高校产权的交易成本曲线下降效果最好；过了 D_1 之后，随着高校产权结构分散程度的

---

① 边际收益递减规律是指在企业生产过程中，其他条件不变，随着某种可变要素投入的不断增加，其边际产量迟早会下降，甚至为负。在此，用此规律说明：随着高校产权结构的分散程度的提高，其降低边际交易成本作用会逐渐弱化，甚至为负。这就类似农村联产承包责任制，其对农民增收的作用最初绩效最好，随着时间的推移，绩效减弱，目前，甚至阻碍了农业的规模化、产业化经营。

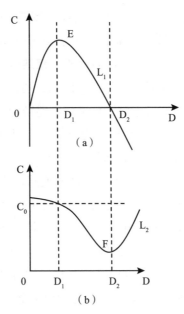

图 3－13　高校产权制度安排的均衡性趋向

提高，高校产权的交易成本曲线下降效果会降低，但仍然有效；到了 D_2 点，高校产权结构分散程度的提高，已经不能降低交易成本，所以，F 点交易成本达到最小，因为这一点的高校产权结构的分散性恰好是高校最大限度地内在化了外部性，所以交易成本最低，过了此点交易成本开始上升。

可见，在高校产权结构由低分散性向适度分散性的演进过程中，我国高校产权制度运行绩效将不断提高，结构安排也将更加趋于合理、优化，但是这种推进应该符合规律、有序推进。

第四节　高校产权制度绩效优化路径的理论分析

基于前面的理论分析，下面，我们通过国家、契约、交易成本与产权权能关系的分析，给出高校产权制度变迁理论上的优化机理，并据此提出我国高校产权制度绩效优化的方向。

一、高校产权结构与交易成本的关系

高校产权在交易中会产生交易成本，这一成本与高校产权结构有关。高校产权结构的形成源于高校产权的可分性。一般地，高校产权主体所拥有的产权越多，就会更加努力地实现高校产权的效用，大多数外部性能在一个较低的成本下被内在化，此时高校产权结构可能会越有效率，交易成本就会越低。相反的，若高校产权主体所拥有的产权越来越少，其要考虑的产权效用就越少，他的努力程度就会下降，高校产权可能会越没有效率，交易成本就会增加。因此，高校产权可分性较低有降低交易成本的可能，高校产权可分性较高则更易增加交易成本。不过高校产权可分性过低也会导致交易成本提高，其主要原因是过低可分性下拥有高校产权的主体会形成垄断利益，而此时第三方强制力量对其加以干预，高可分性从市场的角度采用了较好的产权集中管理的方式。因此可推知随着产权可分性的增长，产权降低交易成本的可能会越小，但可以采取相应的管理机制减少因可分性提高而带来的交易成本的增长。同时在低可分性下要采取相应的措施来防止经济人垄断行为的产生。进一步地可以推知，产权结构存在着一个降低交易成本的区间，在这个区间内使用产权这一工具可以降低交易成本，超过这一区间即使怎样改变产权结构或对现有产权结构进行治理也无法降低交易成本。对于产权的可降低交易成本区间的情况，图 3 - 14 做了更为清晰的显示。

图 3 - 14 中横轴用 D 表示产权的可分性，纵轴 TC 表示交易成本，L_1 为产权降低交易成本曲线。图 3 - 14 中 TC_2 为产权本身的成本，因此产权对交易成本的降低不可能使交易成本低于 TC_2。图 3 - 14（a）显示产权可降低交易成本区间为 D_1—D_2，D_1 前和 D_2 后部分为产权非降低交易成本的区间。其原因是在 D_1—D_2 间使用产权的成本要低于其经济人的收益，D_1 前和 D_2 后部分使用产权的成本要高于经济人的收益。其中 D_1 前部分可能是因为产权的垄断所形成的，D_2 后部分可能是产权过于分散而又缺少相应的管理机制所形成的。产权可降低交易成本区间整

体上呈"W"形。CE 部分产权结构对交易成本的降低作用由大到小，原因是 CE 部分的产权结构处在垄断向竞争的过渡阶段，E 点为临界点。D_3 点为可分性产权降低交易成本最小的点，是因为这一点的产权的可分性恰好是经济人最大限度地内在化了外部成本，再继续下去，成本大于收益。EF 部分产权结构可分性的增加使得交易成本下降，其原因是产权可分性的增长所形成的产权主体的分散性会导致交易成本上升，但由于经济人会对其依据市场规则进行治理，这一阶段随着产权可分性的增加人们会加大对产权的有效治理，使得产权对交易成本的降低逐渐增长。直至 F 点，对产权的治理效果达到最佳，此后 FB 阶段，产权的治理作用逐渐减弱，导致随着可分性的增长交易成本上升速度加快。F 点以后，产权可分性的增长已经不再具有治理的价值。

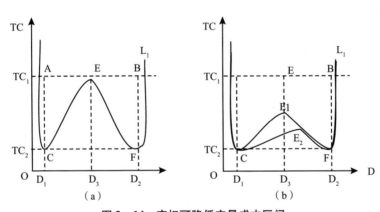

图 3-14　产权可降低交易成本区间

图 3-14（b）显示了可分产权降低交易成本各个阶段的可能变化情形。图中当产权可分度为 D_3 时，E 点以前阶段中原来的产权非降低交易成本点会下降到 E_1 点，原因是对低可分产权施加了有效的治理，所以垄断的收益被减少，但垄断还会出现，只不过规模变小了。同样的，当 E 点降至 E_2 点时，E 点不仅向下移动，而且还向右移动，因为垄断时期长于竞争时期。同样的，E 点左移，表明竞争阶段长于垄断阶段。这是由经济人的产权结构偏好所决定的，即使右移同样也会减少交易成本，只不过

左移是低产权可分性的治理，右移是高产权可分性的治理。产权降低交易成本各个阶段的变化表明：通过对产权结构进行治理可以提高产权降低交易成本的可能及降低交易成本的幅度，即既扩大了产权降低成本的范围，又使得同一产权可分性下产权最大可能地降低交易成本。

图 3-14 表明，高产权可分性与低产权可分性均使得产权有降低交易成本的可能。同时过高的可分性与过低的可分性会使产权失去降低交易成本的功能。因此经济人在面临经济环境时有高可分性产权和低可分产权两种选择，同时必须保证其所选择的产权结构在可降低交易成本的产权结构范围内。即使选择了有效产权结构还要保证对其治理得当才能最大化产权对交易成本的降低作用。正因如此，产权结构的选择区间与产权结构的治理情形就使产权在经济人用来降低交易成本的过程中成为了"双刃剑"。

总之，经济人有限理性、机会主义及信息不对称等原因致使其对产权可分性下的不同产权结构的选择与治理出现了错误。那么就需要经济人了解产权结构选择与治理的基本标准，然后才可以避免产权降低交易成本效率的损失。

二、国家、契约水平与产权结构的关系

产权、国家和契约作为制度的三个内核，国家水平和契约水平对产权结构如何降低交易成本有着重要影响。国家可以看作一个由全体民众集体力量形成的代表全体民众的第三方强制力量，即国家担任着全体民众代理人的角色，它可以完成产权的初始配置，其配置过程中所形成的成本要低于通过市场来配置的成本，即产权的初始配置阶段产权国家具有通过产权降低交易成本的功能。不过随着产权结构和市场的复杂化，国家配置产权的成本会迅速加大，直至配置的成本大于市场配置的成本，产权的配置便会转入到市场的配置的阶段，国家对市场进行监督调控。可见，产权可分性由低到高的变化是一个从第三方强制力量，主要是国家来配置到市场配置的过程。在产权配置进入市场配置后，契约成

为配置的主角。可分性产权下的不同产权结构作为制度降低交易成本的主要方式，其必然要与国家和契约水平相一致，否则就会出现产权结构不能实现其降低交易成本的情况，会使产权这种稀缺的资源出现配置不当，形成无谓损失。

从国家与契约的基本特点出发似乎可以发现不同的产权结构与两者的关系。在产权结构本身具有高分性下与低可分性下都有可能实现其最大限度地降低交易成本的可能的前提下，国家由于强调其运用强制力量来影响制度运行，它就会要求出现更少的经济人及更少的配置产权的次数，进而来降低交易成本。而经济人的减少及配置次数的下降需要产权的可分性降低，所以国家水平的增强会减弱产权的可分性。国家水平与产权的可分性会负相关。契约强调市场机制各要素对制度运行的影响，因此契约要求产权尽可能地可分以适应市场竞争的需求而避免垄断的形成。可以推知产权的可分性的增强会提高契约水平。不过当产权的可分性过低就会没有与之相对应的国家水平，政府失灵就会出现；同样当产权的可分性过高就没有与相对应的契约水平，市场失灵就会出现。上述两种情况下经济人内部化外部成本高于其收益，产权降低交易成本的功能不能实现。

进一步地，由于低可分的产权结构更需要强制力的干预，高可分的产权结构更需要市场手段的调控。可见，可分性的产权结构通过国家和契约水平的影响可以实现其降低交易成本的目标。

三、国家、契约水平与交易成本的关系

产权可分性的高与低均有可能降低交易成本，且契约水平和国家水平分别对应着高可分性产权与低可分产权，因此可以推知契约水平、国家水平与交易成本间的对应关系。如图 3 - 15 所示。

图 3 - 15 中横轴 D 代表产权的可分性，纵轴 TC 表示交易成本、COF 表示契约水平、CTF 表示国家水平。图 3 - 15 显示，整体上，随着可分性的提高交易成本可能降低，也可能提高；契约水平上升；国家水平下降。不过图 3 - 15 中 L 线均出现了折弯。图 3 - 15（a）中折弯是

因为低可分产权在 D 点处会停止降低交易成本，高可分产权在 C 点处
停止降低交易成本；图 3－15（b）中折弯是因为产权的可分性高到一
定程度时不会有相对应的契约与其对应，产权可分性将失去其降低交易
成本的功能，B 点与 C 点应该是相对应的；图 3－15（c）中折弯是因为
产权的可分性低到一定程度时不会有相对应的国家水平与其对应，产权可
分性将失去其降低交易成本的功能，A 点与 D 点应该是相对应的。在此
基础上可以来推断国家和契约水平与交易成本的关系。如图 3－16 所示。

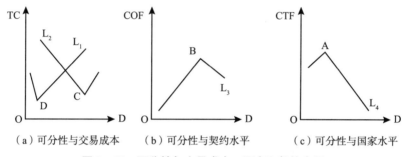

（a）可分性与交易成本　　（b）可分性与契约水平　　（c）可分性与国家水平

图 3－15　可分性与交易成本、国家和契约水平

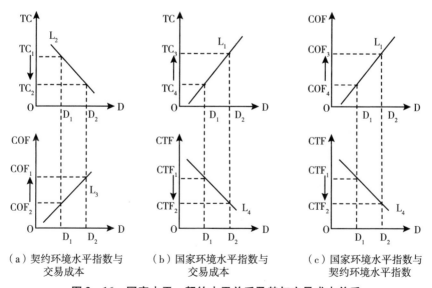

（a）契约环境水平指数与　　（b）国家环境水平指数与　　（c）国家环境水平指数与
　　　交易成本　　　　　　　　　交易成本　　　　　　　　　契约环境水平指数

图 3－16　国家水平、契约水平关系及其与交易成本关系

图 3 - 16 将图 3 - 15 中（a）和（b）、（a）和（c）、（b）和（c）分别放在一起加以考虑，图中只考虑可分性与交易成本、国家和契约水平相适应部分，因此未出现折弯的情况。当可分性由 D_1 上升至 D_2 时，图 3 - 16（a）显示交易成本下降，契约水平上升，这表明随着契约水平的上升，交易成本下降；同样，图 3 - 16（b）显示交易成本上升，国家水平下降，这表明随着国家水平的上升，交易成本下降。也就是说，国家和契约水平与交易成本成反比。制度对交易成本具有降低的作用。图 3 - 16（c）显示随着产权可分性由 D_1 上升至 D_2 时，国家水平下降，但契约水平上升，这表明国家水平与契约水平成反比。

四、产权结构的选择与治理机理的关系

国家水平与契约水平、与交易成本均成反比，所以要保证较高的国家和契约水平才能保证交易成本被降低。同时由于产权的可分性与国家水平成反比，与契约水平成正比，因而产权可分性由低到高的变化均要求有较高的国家和契约水平，具体如图 3 - 17 所示。

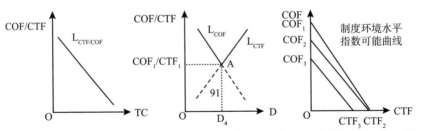

（a）交易成本与国家、契约水平 （b）可分性与国家、契约水平 （c）国家水平与契约水平

图 3 - 17　可分产权降低交易成本的机理

图 3 - 17（a）表明随着交易成本提高国家和契约水平下降的情形。为了保证交易成本下降，图 3 - 17（b）中的国家水平（COF）和契约水平（CTF）相比较要选择处在较高水平上的那一个，因此图 3 - 17（b）中 L_{CTF} 线和 L_{COF} 线均保留了 A 点以上的部分，即产权可分性较低时应该

选择与国家水平（L_{CTF}）保持一致，产权可分性较高时应该选择与契约水平（L_{COF}）保持一致。其中 A 点应该是国家水平与契约水平的交点，此点前的可分产权应该对应国家水平（L_{CTF}），此点后的可分产权应该对应契约水平（L_{COF}）。进一步地在图 3 - 17（c）中需要明确的是：对于可分性下的不同产权结构而言，国家水平与契约水平只能选择其中的一个加以对应，因此国家水平和契约水平成反比。另外，图 3 - 17（c）还显示了国家和契约水平的可能曲线，这条线可以随着国家水平和契约水平的变化而向内向外平移或旋转。这种变化会使产权降低交易成本的范围扩大或缩小。上述表明了可分的产权实现其降低交易成本功能的机理。

基于上述产权降低交易成本的机理我们可以探讨经济人对产权结构的选择是如何来影响交易效率的。对于经济人而言，其对产权结构的选择在两种情况下可能会形成低效率。（1）选择的产权结构是否在可降低交易成本范围之内。（2）产权结构与国家、契约相一致的程度。经济人对产权结构的选择除了受国家和契约水平制约外，还有可能受经济人的产权结构偏好的影响，此处不考虑这一因素的影响，如图 3 - 18 所示。

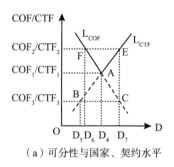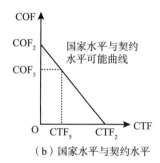

（a）可分性与国家、契约水平　　（b）国家水平与契约水平

图 3 - 18　经济人产权结构的选择与交易效率

图 3 - 18（a）中显示了经济人在既定的制度下对产权结构的选择会表现出高效率还是低效率的情形。

情形1：假定F点和E点分别是国家和契约水平的最高点，也就是说此两点以上，即使产权的可分性再低或再高，也不可能有适合的产权结构可供选择，即不选择低于D_6或高于D_7的可分性。若选择则产权就会提高交易成本而非降低。也就是说产权结构不在制度可降低交易成本范围之内。

情形2：当产权结构在制度范围之内，假定此时国家水平为CTF_2，其所对应的可选择的产权可分程度为D_6。以下三种选择均会造成产权降低交易成本的低效率：一是根据图3-18（b）可知，此时契约水平不可能为COF_2，因此不可能选择D_7的产权可分度。二是也不可能选择L_{CTF}线A点以下部分与D_6对应的点，因为此时D_6可分度下的产权结构通过国家水平对交易成本的降低要高于契约水平对交易成本的降低。三是不能选择L_{COF}线上除F点外的其他点所对应的产权的可分度。在F点之上，会形成产权结构的无谓损失；在F点之下会形成制度的无谓损失。

情形3：上述两种情况经济人均不能从自己的产权结构偏好出发来选择产权结构类型，否则就会形成交易成本的上升或者产权结构、制度的损失。但当国家水平和契约水平为CTF_1、COF_1时，两者相等，此时经济人对产权结构的选择只有D_4可分度下的产权结构，且没有任何损失，同时还能最大化产权降低的交易成本。若选择高于或低于D_4可分性的产权结构，则会形成产权结构的无谓损失，因为没有与之相匹配的经济水平。

上面的三种情形下经济人对产权结构的选择均会导致产权在降低交易成本的过程中的低效率。需要根据产权降低交易成本的机理加以治理。

产权由低可分性到高可分性的变化形成了不同的高校产权结构，高校产权结构变化路径上存在着降低交易成本的区域，另外国家和契约的水平分别与低可分性产权结构和高可分性产权结构有关，其水平的高低也会影响到产权结构对交易成本的降低程度。因此，对高校产权制度绩效的优化可以从产权结构选择、国家和契约水平、国家契约水平和产权结构一致度三个方面加以选择。换言之，我国高校产权制度绩效的优化路径需要宏观层面与微观层面的有效结合。

第四章

中国高校产权制度
变迁的现状分析

中国高校产权制度变迁的现状是对中国高校产权制度变迁的实然分析，这需要从宏观设计上存在的问题和微观实施中存在的问题两个视角进行展开，而对公立高校、民办高校等不同高校的产权权能结构的解析应该作为起点。

第一节　不同高校产权权能结构的解析

高校产权权能结构是指高校产权的构成因素及其相互关系和产权主体的构成状况。[①] 对高校产权进行分析时，有必要对其权能结构进行分解。在此，按公立高校、民办高校进行分类研究。

一、中国公立高校产权权能结构的解析

1949 年新中国成立至今，中国公立高校产权制度的核心——所有权归全民所有这个基本问题丝毫没有任何改变。这是坚持社会主义公有

---

① 黄少安：《产权经济学导论》，经济科学出版社 2004 年版，第 153 页。

制的必然逻辑和国家在改革初期加强整个高等教育领域稳定发展的客观需要。但是高等教育在改革发展的过程中，却反映出这样一个客观的事实，即公立高校在产权权能上已经发生了很大的变化：一方面，国家作为投资主体享有高校全部所有权；另一方面，公立高校除了归国家所有以外，其他权能并没有明确规定各自产权主体应该承担的责任和享有的权利。具体来说，两个"不到位"的情况在中国公立高校长期存在着：一是高校财产所有者职能不到位，在处置高校财产和其对外投资等重要的环节中，由于高校资产承担机构的职能缺乏，出现政府机构职能不清、政出多门、多头管理等现象，没有体现出财产所有者所应具备的职能。二是高校虽然是法人的实体，但是并没有明确其在法人财产上的主体性地位，也没有建立相应的法人财产主体行为的激励和约束机制。作为中国高等教育主体的公立高校，其产权的界定相对来说较为简单，所有权与经营权（或称管理权）的分离是其基本产权结构。因此，落实高校的办学自主权是公立高校产权制度建设的主要内容。在公立学校的投资结构中，主要投资来自国家，高校财产是国家长期投资积累起来的。国家是公立高校产权的最终所有者，而高校法人实体拥有高校资产的控制权和实际所有权。政府作为公立高校的举办者，曾经是中国高校财产所有权的唯一产权受益主体，随着市场化和高等教育体制的深化改革，这种格局被打破，分为政府和高校两个产权利益主体，形成一分为二的利益格局，作为高校举办者的政府享有对高校财产的最终所有权，而高校享有财产权，可以进一步细分为占有权、使用权、处置权和部分收益权。下面，可以从所有权、经营权、处置权和剩余索取权四个方面了解中国公立高校产权权能结构安排的现状。

（一）所有权

所谓公立高校财产，就是国家以各种形式对公立高校投资和投资收益等形成的财产。它作为公立高校的稀缺资源，必须用于高校的教学和科研，其终极所有权属于国家，而其控制权和现实所有权归属高校。公立高校是一种非营利组织，其财产所有权结构一般不是私人或私人合伙所有，其产权结构更多的是为国家或集体（如校办企业或公司）所有。从法律上看，在中国公立高校传统产权制度中，产权是清晰的，高校的资产在法律上明确归国家所有，但实际上在高校的运行过程中，其责任主体是不清晰的，因而造成了公立高校既缺乏活力又丧失了约束力。随着中国高等教育投资体制的转轨改制，原来单一的投资主体转变为多元化的投资主体，从单一路径向多元路径不断发展，高校产权制度安排也随之变化，由一元化的集权结构过渡为多元化的分权结构。新型的多元化的分权结构，使产权权利束中的各项权利不再归所有者单独所有，而由高校法人和所有者分别拥有。国家是国有资产的出资人，其对国有资产的权益是否能够得到保障，高校是否能够真正地拥有自主经营权以及政校是否能够分开，这三项内容取决于高校法人的财产权利与出资者的财产权利能否明确划分，这是公立高校教育体制深化改革的关键和重中之重，具有重大意义。明确的界定高校产权所有者和出资者的财产权利，使权利束中的各项权利边界清晰，这样，公立高校产权所有者和出资人才能互不侵扰，更好地保障双方的权益。如果其中一方的权利受到侵害，就可以在法律的框架下，通过相关的法律法规限制和约束侵权行为，最大限度地维护自身的权益，保障各自权利的正当行使。总而言之，所有者主体与出资者产权的界定，需要明确经营者和学校法人实体各自权利束中的各项权能，划定各自的权力边界，明确其受损、补偿及受益的范围。

（二）经营权

经过了多年的高校体制改革，应当说公立高校在招生、分配、用人以及高校内部管理等方面均获得了一定的自主经营权。当今中国公立高校的法人地位已经取得共识，但是，由于公立高校产权制度尚待深化，目前绝大多数公立高校虽有法人称号却无法人财产权利，致使公立高校法人实体无法单独承担相应的民事责任。究其原因：一方面，公立高校法人实体自身并没有独立控制的财产，也不具备和享有收益与支配的权力，其本身没有承担风险的能力，只是受实际出资人的委托从事经营管理工作，也就是运用实际出资人托付的资产开展办学活动，一旦出现风险，高校法人实体只有用实际出资人的资产去面对；另一方面，这种制度本身使实际出资人缺乏监督的能力和动机，也使高校法人受到的激励刺激及约束明显不足，甚至是十分有限，往往会造成标准不明，运转不灵，权责不清，效率不高，动力不足。而当公立高校的产权不独立或者说不能完全独立时，这就意味着公立高校不可能或难以成为真正的高等教育市场主体，高校既缺乏来自产权的激励和约束机制，也不可能完全享有作为高等教育市场主体应有的自主决策权。高校对于高等教育产品和服务的价格信号和非价格信号也就缺乏应有的关心，政府行政时常干涉高校的微观经营管理活动，市场机制也将难以发挥其应有的作用。从应然角度分析，公立高校应该是所有权与经营权相分离的高校，重大经营决策权应该握在投资者手中，但其具体经营权应交由高校法人去管理，以实现权、责、利协调统一。

（三）处置权

公立高校产权主体若为国家所有，则具有排斥其他人员侵占或分割高校财产的排他特性。

（四）剩余索取权

公立高校由于是政府举办的公共部门，不是私人组织，其非人力资本财产是公有的，为政府所控制，政府是高校的所有者、投资者，剩余索取权自然就不存在争议。

二、中国民办高校产权权能结构的解析

民办高校是所有权与经营权在所有者身上合二为一型的高校。高校产权主体若属于私有产权，则具有明显的排他性。民办高校产权与公立高校产权在权能结构安排上有很大的不同，具体表现在以下几个方面：

第一，所有权。目前在民办高校的所有权问题上，存在两种不同的

认识：一是民办高校的终极所有权归投资人。该观点认为，任何投资主体，只要作为投资办学的参与者，就拥有相应的产权，而明晰产权是实事求是的做法。投资主体不同，终极所有权的归属也理应不同：由各级政府直接或间接投资的高校可认定为"国有"；由企事业单位投资的高校可认定为"集体所有"；由公民个人投资或个体和私营企业合作投资的高校可认定为"私有"。二是民办高校的终极所有权归国家。《社会力量办学条例》明确规定：社会力量举办教育机构"不以营利为目的"，《社会力量办学条例》第三十七条和第四十三条规定："教育机构的积累只能用于教育投入和改善办学条件"，不得用于投资，不得用于分配，"教育机构解散时——清算后的教育剩余资产，退还或折价、退还举办者的投入后，其余部分由审批机关统筹安排"。也就是说，不管投资办学属于哪一种所有制形式，民办高校的财产所有权均应归属于国家。同样，根据《民办教育促进法》的有关规定："举办者取得合理回报的基数只是举办者的投入。"根据以上相关条款，民办高校财产权不归投资者和举办者所有，民办高校不具有收益权，只有使用权和占有权，这就造成所有权与收益权割裂现象。这种制度往往会导致高校产权的激励机制比较微弱，甚至是十分有限，阻碍了社会力量投资，挫伤和降低了社会各办学建校的热情，会严重地制约和影响高校教育体制改革创新和发展。

第二，经营权。经营权可在投资者及高校部门之间分解，但投资者拥有重大经营决策权，甚至更多的具体经营管理权。

第三，处置权。由于很多民办高校普遍都在税收、征地、用地等方面享受到了国家及政府的相关补贴及优惠政策，按要求和规定，民办高校具有非营利性质。因此，民办高校除去给付投资人原始投入并兑现一定比例的相应报酬，经统一核算、结算后，其余的高校资产全部属于高校法人所有，不能归投资者和管理者所有。虽然还有许多民办高校事前并没有确定投资者的回报数额，但只要高校存在并正常运转，投资者就会享受一些合法的权益，拥有与其投资的财产相应的收益权，然而投资者对其在高校中所投入的资产却没有处置权，既不可以租赁、抵押，也不能够转让、变卖及撤回。

第四，剩余索取权。民办高校由于财产权的权力和责任界定不明晰，投资者是否可以得到回报，应得到什么样的回报，高校的利润归谁所有等问题都没有明确的答案。因此，也就谈不上什么剩余索取权问题。民办高校停办时，经过审计清算以后，以折价返还或全额返还的方式将部分剩余财产还给举办者，而多余部分由审批机关统筹安排，主要用于发展社会力量办学，也就是说多余部分的财产不能归属举办者——应该说这是不合理的。中国《民办教育促进法》出台后，不再提民办高校不以营利为目的，民办学校产权结构以投资者为主体，正形成新的产权结构。《民办教育促进法》中第 35 条和 36 条明确规定："民办学校对举办者投入民办学校的资产、国有资产、受赠的财产以及办学积累，享有法人财产权""民办学校存续期间，所有资产由民办学校依法管理和使用，任何组织和个人不得侵占"。由此分析：民办高校或其法人是其财产的所有者，在民办高校正常的办学过程中，财产所有权不属于办学者和举办者。换言之，如果投资人出资举办民办高校，他投入的资产的使用权和管理权不再属于他自己单独所有，而是归高校或高校法人所有。第 51 条规定：民办高校在扣除办学成本等费用后，"出资人可以从办学节余中取得合理回报。"第 59 条：民办学校终止并进行财产清算时，在清偿"应退受教育者学费、杂费和其他费用""应发教职工的工资及应缴纳的社会保险费用""偿还其他债务"后，"剩余财产，按有关法律、行政法规的规定处理"。通过分析可以看出，《民办教育促进法》没有规定高校财产在清算、清偿后所剩余财产应该如何分配，没有明确举办者投入资产的归属，也没有提及是否将其投入的部分返还给出资人。

第二节　中国高校产权制度变迁的历程

新中国成立以后，高等学校产权制度的变迁主要是围绕以"所有权"为核心的所有权、占有权、使用权、收益权、处置权的权能归属问题加以展开的。在新中国成立之前，中国除了公立高校之外，还存在着由外资投资创办和由私人出资创办的私立高校，而外资学校又多为教会创办的"教会学校"，教会学校多是将宗教与教育相结合，直接将宗教融入到教育之中，这与新中国的办学原则大相径庭。为了坚持新中国"学校应由国家办理"的原则，国家除了接管公立高校之外，也接受、接管了私立高校，从而开始了以"所有权"为核心的五项权能归属国家的发展阶段。高校产权的五项权能归属国家的发展过程中，虽然取得了一定的发展成果，为国家高等教育做出了应有的贡献，但是随着改革开放的到来、市场经济的发展，高校产权制度也随之进一步发生变迁，逐步引入民间资本投资到高校建设之中，个人投资、企业投资、混合所有制投资逐步加入到高等学校建设之中，与原有的五项权能归属国家所有的产权制度共同组成了以"所有权"为核心的五项权能归属多元化发展阶段。21 世纪以来，公立高校的后勤社会化改革和民办高等教育收益权的法制化改革的并行推进，使中国高校产权制度变迁的发展历程迈进到以"收益权"为核心的公立高校和民办高校同步改革发展阶段。

一、以"所有权"为核心的五项权能归属国家的发展阶段（1949～1978 年）

1949 年新中国成立之后，新中国的法令法规中明确规定学校教育要同宗教活动相分开，由外国教会创办的学校也要遵守相应的法令法规。但是外国教会和相关任职人员拒绝遵守法令法规，还以撤资相威胁，这对于国家开展教育改造的要求相违背，必须要采取必要的措施来促进教育改造得以进行，以确保学校民主改革的发展。1950 年 10 月 12 日，教育部根据政务院的指示，明令收回 1925 年由天主教会创办的辅仁大学，并入北京师范大学，这成为中国高校产权制度变迁走入以"所有权"为核心的五项权能归属国家的变迁开端。随后，在 1950 年 10 月 13 日，《人民日报》发表的《马叙伦部长为接办辅仁大学招待记者的书面谈话》明确了外资在中国创办学校的五项基本原则，在原则中做了明确规定：一是外国人不许在中国办学校；二是教会学校在未违反中国法令法规的基础上可以暂时继续办学，但是中央人民政府有权依据需要以明令收回自办的权利；三是宗教与学校教育必须明确分开，不得在课堂上讲授宗教课程；四是教会创办的高等学校，不得强制要求学生选修宗教课程；五是全国的私立学校都要遵循国家颁布的教育法令①。由此也为国家接收外国津贴学校提供了基本原则，并揭开了新中国高校产权制度变迁的序幕。随着朝鲜战争的爆发，新中国接收外资学校的脚步变得更为紧凑。1950 年 12 月，政务院颁布《关于处理接受美国津贴的文化教育救济机关及宗教团体的方针的决定》（以下简称《决定》），《决定》中提出了对该类教育机构实行完全自办的决定②。在《决定》落实之后，中国高校中外国出资办学的高校已经完全由国家接管，高校产权制度中在当时已经不包括外资投资者的参与。

在外资创办的高校逐步被国家接管之后，高等学校产权制度变迁进一步向归属国家一元主体的方向发展。私立高校之中，除了已经决定收为国有的外资高校之外，还有另一部分私人出资的私立高校，其数量相对较多且多集中在城镇之中，在人民政府"积极维持，逐步改造，重点补助"的十二字方针的保护和扶助之下，私立学校在 1949～1951 年期间得到维持，并为国家教育发展贡献了一分力量。但是，在政治、经济改革不断发展的过程中，私立高校的存在基础逐渐消失，从 1952 年开始对高等学校院系进行调整，人民政府接办了当时存在的所有私立高等学校，并将其改制为公立高等学校，至此中国的私立高校暂时退出历史舞台，形成了由"国家办学"的单一教育体制③。高等教育的发展在随

---

① 马叙伦：《马叙伦部长为接收辅仁大学招待记者的书面谈话》，载《人民日报》1950年 10 月 13 日。

② 《关于处理接受美国津贴的文化教育救济机关及宗教团体的方针的决定》，载《人民日报》1950 年 12 月 30 日。

③ 王炳照、郭齐家、刘德华等：《简明中国教育史》，北京师范大学出版社 2007 年版，第 459 页。

后的时间里一直遵守着"国家办学"的单一教育体制，高校产权中的核心权能"所有权"全权归于国家所有，国家在拥有所有权的基础上，同时掌握着高校的占有权、使用权、收益权与处置权，五项权能均归属于国家，中国高校产权制度变迁得到了阶段性的维持。即使后来经历了教育"大跃进""文化大革命"等对教育发展的影响，高校产权制度并未发生大的变化，直到改革开放的到来，邓小平明确指出教育是民族的根本事业，教育必须为现代化服务，必须对我国教育制度进行改革，教育体制改革被提上日程，也促进了中国高校产权制度变迁进入多元发展阶段。

二、以"所有权"为核心的五项权能归属多元化发展阶段（1978~1999 年）

1978 年恢复高考之后，高等教育的发展重新得到重视，为了适应国家政治、经济变革的发展方向，高等教育的改革也提上了日程。在保持原有的公立高校占主导，由国家享有公立高校产权五项权能的基础上，各种类型的民办高校逐渐登上新中国高校产权制度变迁的历史舞台，高校产权制度走向以"所有权"为核心的五项权能归属多元化发展的阶段。

20 世纪 80 年代初期，中国人民刚刚从多年的计划经济体制中走向改革开放后的市场经济体制，在这个逐渐适应的过程中，大多数人并没有什么私人财产，对于财产权的概念就知之更少。但是在这个特殊的时期却需要对教育进行产权制度的变革，由此也为未来的高校财产权界定划分埋下了一些不可预计性的影响因素。1982 年的《宪法》之中，首先出现了社会力量办学的相关概念，社会力量既包括国有企业，又包括个人出资办的学校，这一概念虽然区分了原有的由国家直接办学的公立学校，但是对于民办高校来说却并没有完全明确地区分高校财产权的实际归属，多个种类的办学参与者共同构成了当时的民办高校，此种不明晰的高校产权划分也为高校财产权的划分带来了不确定性，但是在另一个角度来看也开启了中国高校产权制度变迁向多元化方向发展的历程。虽然说宪法之中允许个人办学，但是为了确保学校的平稳运行，当时的民办高校审批通过的前提往往需要找到一家挂靠单位作为保障，以面对万一发生的各种问题，这在一定程度上确实是为了促进民办高校的平稳发展，但是也为高校产权的五项权能的分配问题设下了难以划分清楚的不确定性。而且在 20 世纪中期的民办高校之中，多数学校都存在经费短缺、场地狭小等问题，并没有达到较高水平的学校运作。

1987 年，国家教委和财政部为了解决民办高校产权制度存在的问题，联合发布了《关于社会力量办学的若干暂行规定》（以下简称《规定》），《规定》中指出："社会力量办学校的全部收入及固定资产归学校所有。"① 教育部门也是第一次提出有关教育财产权的规定，同时也确定了民办高校的产权归学校所有，而"所有权"是高校产权的核心，其他权能围绕所有权关系密切，以"所有权"为核心的五项权能朝向多元化得到了进一步的发展。随后颁布的《社会力量办学财务管理暂行规定》更是对教育行政部门的监管和民办学校如何自律进行了面面俱到的规范，对民办高校多元化发展进行了有根据的适当管制，对于由产权界定不清而引发的矛盾和冲突起到了一定的调解作用，并且对民办高校的不良行为进行了整顿。虽然 1987 ~ 1989 年国家对于民办高校存在的一系列问题进行了整治，但是乱象丛生的现状还是没有得到根本解决，为了确保高等教育的办学质量，1989 ~ 1992 年，国家决定不再审批民办高校了。但是市场经济的发展，需要高校发展与之相适应，多元化的高校组成更有利于吸引更多的办学资金，促进中国高等教育的发展，因此停止审批民办高校并不是长远之策。1992 年邓小平南方谈话打破了行政部门对民办高校发展的种种管制，随后江泽民同志在党的十四次全国代表大会上更是提出："鼓励多渠道、多形式社会集资办学和民间办学，改变国家包办教育的做法"，由此全国展开了对谈话精神的学习、落实工作。

---

① 国家教委：《关于社会力量办学的若干暂行规定》，1987 年 7 月 8 日。

1993 年,《关于建立社会主义市场经济体制若干问题的决定》《中国教育改革和发展纲要》《民办高等学校设置暂行规定》的相继颁布,一方面促使行政部门开始放开了对民办高校的限制与管制;另一方面也重申了民办高校财产所有权归学校所有,任何的单位和个人都不能侵占民办高校财产。在政策不断得到完善的基础之上,直至 1995 年的时候,仅仅三四年的时间之中,中国的民办高校数量就从原有的 450 所快速增长到 1200 所,增长速度之快可见一斑①。由此也可以进一步看出民办高校的产权制度变迁仍然是以"所有权"为主体,只是全能主体不再局限于国家一方,而是朝向多元化方向发展。当然在这个过程中,具体的产权制度变迁在运行过程中也存在一定的规范缺失问题,国家根据各种问题也在不断完善政策法规,但是对于高校产权制度变迁的整体方向并没有较大影响。20 世纪 90 年代,时任国务院总理的李岚清对民办学校向社会筹集资金问题又进行了明确的指示:"教育事业历来都不能以营利为目的,对那些以办教育为名而谋取高利尤不能容忍。"② 自此之后,不以营利为目的成为民办高校的立法宗旨,这在一定程度上限制了高校产权中"收益权"权能的正常分配,同时明确了不以营利为目的之后虽然说在理论上是为了促进高等教育向"公益性"方向发展,但是民办高校的投入毕竟不是完全意义上的"公益性"支出,既包括捐资办学的纯公益性办学投入,也包括为了取得一定收益的"投资性"办学投入,"一刀切"地规定民办高校办学不得以营利为目的,在一定程度上降低了"收益权"的激励作用,同时也使"寻租""灰色收入"等不合法的现象增多,从而扰乱了办学秩序。

1994 年,在民办高校得到较大发展的背景之下,一些地方行政部门开始对民办高校收取一些额外的费用,这对于民办高校的举办者来说是一种介于办学之外的附加压力。国家逐渐也意识到了这个问题,1997

---

① 郑锋、王永哲:《民办高校财产权纠纷失范现象研究》,载《教育发展研究》2010 年第 30 期,第 25 ~ 30 页。

② 李岚清:《深化教育改革,全面推进素质教育,为实现中华民族的伟大复兴而奋斗——在全国教育工作会议上的报告》,1999 年 6 月 15 日。

年的《社会力量办学条例》明令禁止了地方部门向民办学校收取监督
管理费用，并规定了民办学校可以依法管理和使用其财产，但是对于民
办学校财产清算中实际上是隐含规定了，民办学校的举办者实际上只拥
有其原始投资额度的所有权，这其实既是对民办高校投资所有权的一种
界定，也是对其使用权的一种界定，但是同时也是对其收益权的一种变
相否定。因为在清算的时候只拥有最初投资额度的所有权，实际上就不
会拥有任何的额外收益，也就是丧失了收益权。这也在一定程度上改变
了所有权的权利主体拥有全部五项权能的实际权利的传统产权组合形
式，形成了新的产权权能组合形式，虽然可能降低激励作用，但也是较
为有意义的一种产权结构重组的尝试。另外，同年，《中共中央、国务
院关于深化教育改革全面推进素质教育的决定》进一步改变了政府原有
的教育观念，新的政策促使一批民营企业加入到民办高校的投资之中，
同时也扩大了民办学校的规模，并且办学方式也变得更加丰富多样，既
有企业新建的学校，也有校企联合办学，还有一定程度上是通过购买，
民办高校的办学越来越具有活力。

三、以"收益权"为核心的公立高校和民办高校同步改革发展阶段（1999~2018 年）

（一）公立高校的后勤社会化改革

在以"所有权"为核心的五项权能多元化发展的过程之中，高校
产权制度变迁之中也出现了新的权能组合形式，即通过高校所有权权能
主体进行"使用权""收益权"等权能的让渡，从而形成更具灵活性的
权能组合。其中，较为具有代表性的，并且发展已具规模的就是以"使
用权""收益权"为核心的高校后勤社会化得到发展。高校后勤社会化
发展也经历了一个不断探索的阶段，在不断得到完善的同时，为中国高
校产权制度变迁注入了高效率的新鲜活力。

1985 年，国家在关于教育体制改革的决定中明确指出，为了促进

高等教育体制改革顺利进行，高校后勤工作社会化改革极为重要，各级政府都要把这个任务承担起来①。中国后勤社会化改革从此也开始步入探索阶段。1999 年 11 月，第一次全国高校后勤社会化改革工作会议在上海召开，进一步加快了中国后勤社会化发展的改革步伐。《关于进一步加快高等学校后勤社会化改革的意见》《关于高等学校后勤社会化改革有关税收政策的通知》《关于大学生公寓建设标准的意见》等多项政策的颁布，正式拉开了高校后勤社会化改革的序幕。1999 年 11 月到 2003 年 11 月的 5 年时间，实际上是中国后勤社会化改革的快速推进时期，在这一时期之中，全国大多数的高校都已经组建了校内后勤服务实体，并实现了后勤服务实体的相对自主经营，虽然后勤实体并不享有相应学校财产的所有权，但是通过签订合同，即形成契约规定的形式得到"占有权""使用权"和"收益权"的让渡，后勤实体正在仿效企业化管理，在收益权的激励作用之下，充分行使所有权权利主体让渡而来的"占有权"和"使用权"，从而促进后勤资源得到更加合理的配置，也为学校师生提供更好的服务。

2004 年高校后勤社会化改革的速度开始放缓，但是难度进一步增大，在前期改革之中出现的问题需要得到解决，如何夯实改革基础，促进高校后勤社会化改革适应高校与市场的双向需求都促使改革进入另一个发展时期②。2008 年我国高校后勤实体需要几年的时间转型为法人企业，在这个过程中，不同的高校后勤实体面临着不同的发展态势，实际上也是高校后勤社会化改革的自然筛选阶段。在 2004 ~ 2008 年这几年时间之中，有的后勤实体蓬勃发展、颇具活力，有的难以应付，想要退出，也有些未进入者正在摩拳擦掌想要进入这个后勤服务市场有所作为，这个过程中实际上就是一种竞争与自然选择的过程，对于后勤社会化改革来说应该是一个重要的攻坚时期。而从 2009 年至今的发展过程

---

① 姜群瑛、胡征宇：《从高校后勤社会化到高校后勤现代化》，载《中国高教研究》2005 年第 7 期，第 86 ~ 87 页。

② 檀坤华：《我国高校后勤社会化发展阶段之浅述》，载《高校后勤研究》2005 年第 2 期，第 25 ~ 27 页。

中可以发现高校后勤社会化已经取得了阶段性的成果，在以"使用权"和"收益权"为核心的高校后勤社会化的改革过程中，收益的激励作用和使用权的高效利用相辅相成，着实提高了中国高校后勤服务的整体质量，并促进高校后勤社会化改革的模式基本形成，对于中国高校产权制度变迁来说也是一种新的权能组合尝试，有利于资源更为合理的配置。

（二）民办高等教育收益权的法制化改革

不以营利为目的的立法宗旨，在一定程度上限制了民办高校产权中"收益权"权能的激励作用，同时也使"寻租""灰色收入"等不合法的现象增多，阻碍了民办高等教育的发展。为此，21 世纪以来，民办高等教育收益权的改革和立法提上了日程。2002 年《民办教育促进法》的出台，得出了一个既兼顾了民办学校非营利性质不变，又满足民办高校投资者收益诉求的新的规定，即获得合理收益。其中第五十一条规定："民办学校在扣除办学成本、预留发展基金以及按照国家有关规定提取其他的必需的费用后，出资人可以从办学结余中取得合理回报。取得合理回报的具体办法由国务院规定。"这在一定程度上等于是放宽了对民办高校产权中"收益权"的获得，但是问题是"合理收益"具体怎样才是合理并没有明确的规定，这在真正实施和监管过程中都产生了新的问题，如何确定合理程度成为一个备受关注的新的问题。这个问题虽然颇具争议，但是多年悬而未决。2006 年 12 月国务院办公厅公布的《关于加强民办高校规范管理，引导民办高等教育健康发展的通知》提出了民办高校需要落实法人财产权的问题，2007 年 2 月教育部发布的《民办高等学校办学管理若干规定》，即民办高校发展过程中有名的 25 号令，其规定了民办高校资产过户到学校的具体要求，并强调资产过户到学校名下前，举办者对学校债务承担连带责任[1]。这两个政策的推出一度引起社会各界的激烈讨论，民办高校的举办者对此纷纷表示出自

---

① 乔春华：《民办高校法人财产权初探》，载《中国行政管理》2008 年第 10 期，第 99 ~ 102 页。

身的不满，不满的原因主要是在政策中只是明确了"法人财产权"，却并没有对民办高校的财产所有权进行清晰的界定。各种声音在民办高校产权制度的变迁过程中此起彼伏，但是并没有直接解决问题，直到 2016 年《民办教育促进法》再一次得到修改，在 2017 年 9 月开始实行的新的《民办教育促进法》中取消了不以营利为目的和合理收益的说法，而是允许高等学校自行选择是营利性高校还是非营利性高校，对非营利性高校会给予一定的优惠政策，对于营利性高校允许获得一定收益。这实际上放开了"收益权"的激励作用，并且对于高校产权的权利界定进行了更为清晰的引导，这可以说是中国高校产权制度变迁中里程碑式的突破。但是毕竟新的法规才刚刚实行，在未来一定还会遇到其他的问题，但是这并不影响其将带来的利好改变，我们可以一同期待民办高校未来的发展，并认真解决改革过程中出现的各种问题。

通过以上的梳理和分析，可以看出中国的高校产权制度变迁正在不断地向前推进着，大方向是公立高校和民办高校并行发展，但是无论是延续下来的公立高校，还是在不断摸索中的民办高校，在高校产权制度变迁的过程中都并没有脱离以"所有权"权能为核心的五项权能不断发展的模式，只不过是将原有的五项权能均归属国家的形式打破，形成了多元化的权能组合形式，促使中国高校产权制度变迁朝向多元化方向发展。

第三节　中国高校产权制度变迁现状的调查

对于中国高校产权制度变迁现状的研究，主要是通过问卷法和访谈法两种研究方法进行的，通过问卷发放和访谈记录分析的方式对中国高校产权重组现状有了客观且直观的了解。在确定了研究方向后，我们设计了与本书直接相关却又题设模糊的调查问卷——《一份致力于让我们的大学发展更加美好的调查问卷》，通过对问卷的信度效度进行分析验证之后，我们通过网络发放的形式将调查问卷发放给不同地区的多个高校的师生，最后回收到有效调查问卷共 1220 份，其中源自公立高校的调查问卷共有 780 份，源于民办高校的调查问卷共有 440 份，不同种类高校师生的反馈为本研究提供了鲜活的一手资料，促使本研究可以通过数据分析的方式直观地阐释我国高校产权制度安排的现状。从而对数据进行深入细致的分析来验证已有的理论模型是否具有事实依据，并通过访谈记录的分析来做进一步补充。

一、高校产权重组已经走向"双轨并行"

传统上对于高校产权的整体结构来说，高校投资者即为高校财产的所有者，也就是高校产权权利束下"所有权"这一权能的权利主体，他们不止享有高校财产的所有权，同时还享有占有权、使用权、收益权和处置权，也就是说五个高校产权权能实际上是归于"所有权"权利主体之一身的。事实上，高校产权是由五项权能组合而成的，五项权能之间也有着密切的联系，所有权也确实处于五项权能的核心地位，但是随着经济的发展、高校的转型，这种"单轨式"的高校产权制度安排已经不能满足当前的高校产权发展，随之而来的是通过契约的约束形成的权利让渡下的新型权利主体组合形式。也就是形成了由原有"所有权"权利主体行使五项权能的传统产权结构和通过权利让渡形成的新的"使用权"权利主体独立行使契约约定部分的"使用权""占有权"和"收益权"三项权能的新型产权结构共同存在的"双轨并行"产权结构。通过实地访谈和问卷数据的分析处理，可以较为清晰地发现，我国高校产权制度安排在实质上已经走向了"双轨并行"的新型产权结构形式。

（一）以"所有权"权利主体为五项权能核心的产权结构组合

高等学校的发展是以教育和科研为主要的发展方向，为了保证为国家和社会输送高质量的人才，产出高水平的科研成果，我国各类高校对于学生教育和师生科研的主要管理都是由学校进行统一的规划。对于直接影响到教学和科研的高校财产权，我国各高校都能够做到充分重视，以最好的学校财产去支持教学与科研的发展。无论是公立高校还是民办高校，都能够做到以提高教学水平、学生就业率和学校的可持续发展程度为发展核心，充分发挥"所有权"权利主体同时监理所有权、占有权、使用权、收益权和处置权五项全能的集权优势，从而将优质的教育资源调配给高校中的师生。国家统计局统计数据网站上的年度数据显示，截至 2015 年，我国共有高等学校 2560 所，普通高等学校招生数 737.85 万人，普通高等学校教职工总数 236.93 万人，并且从 2011 ～ 2015 年的五年时间里，我国的高等学校数、招生数和教职工总数基本保持稳定，没有大幅的变动。这在一定程度上也反映出了我国高校发展具有一定的稳定性，而具有稳定性的深层次原因之一就是能够有强大又联系性密切的权能组合形式来保证高校核心业务的平稳运转。通过对本研究发放问卷的反馈信息进行整理也可以看出，高校师生对于高校的教学水平的满意程度达到了 93.29%，对于高校毕业生的就业情况的满意程度达到了 87.95%，高等学校自身发展的核心工作能够得到充分的肯定，这在一定程度上也反映出，核心工作由同一权利主体行使多项权能的实际权利在现实中是具有一定优势的。

（二）以"使用权"权利主体为三项权能核心的新型产权结构组合

虽然说高等学校发展的核心工作是运营模式，以传统的由同一产权主体（"所有权"权利主体）行使多项权利是现实存在的，并且有着充足的发展潜力，但是不容忽视的是高校发展中的另一股力量，即通过签署契约进行权利让渡而形成的以"使用权"权利主体为核心来行使占有权、使用权和收益权的新型产权结构组成，在高校发展中与传统产权结构形式共同存在。通过对民办高校和公立高校的教师和管理者的访谈，从整理的访谈记录中可以得到一个较为一致的信息，就是当前的高校发展已经不是由单一的主体可以完成全部工作运行的了，一些与教学、科研等核心工作并不直接相关的服务、管理类工作，学校会通过"外包"的形式，将相关工作"外包"给校外的专业机构，从而为学校师生提供更为专业化的服务，并且达到降低运营成本的良好效果。对于我国高校内业务外包状况进行访谈的过程中，不同的访谈对象共同提到了一种最常见，也是与高校师生直接相关性最强的外包业务，即高校后勤服务外包。与高校教材供应业务外包、高校绿化业务外包、高校档案数字化业务外包等其他外包业务不同的是，高校后勤服务外包范围更为广泛，涉及住宿、餐饮、商服等多项服务内容，并且与学校师生的日常生活联系尤为紧密，因此本书主要对高校后勤服务外包情况进行了调查研究，从而进一步深入研究以"使用权"权利主体为核心的新型产权结构的存在形式。

高校后勤服务外包分为直接由高校进行住宿、餐饮、商业服务等服务项目进行外包的情况，也有高校将后勤服务整体外包给某个企业，通过校企合作的形式由企业再次进行具体服务外包安排与管理的情况。无论是哪种情况，都是通过签订具有法律约束力的合同，也就是以签订契约的形式使承包者享有对某一项或几项校园后勤服务的运营权，在一定的时间与空间范围之内享有对相关学校财产的占有权、使用权和收益权，在承担一定的承包费用的基础上向学校师生提供高质量的后勤服务，并得到相应的监管。无论是直接从学校取得承包权的承包者还是从校企合作的企业方获得承包权的承包者，实际上都是得到了一种"使用权"的权利让渡，同时也获得了一定的占有权和收益权，通过专业的服务获得自身需求的收益，并为学校师生提供专业且高质量的后勤服务。高校后勤服务外包似乎已经成为一件很平常的事情，但是在高校产权的角度来看实际上是一种新的产权结构的形成，即以"外包"形式存在的，通过契约约束的，由权利让渡而形成的"使用权"权利主体为使用权、占有权和收益权核心的新型产权结构组合形式。

由以上分析可以看出，我国高校产权制度安排已经走向"双轨并行"。在实际上，高校已经不再是由高校财产所有者全权安排高校整体运行中的全部权利，也并不是高校产权中所有权的权利主体已经不再重要。而是形成了传统的"所有权"权利主体在高校核心工作运行中行使所有权、占有权、使用权、收益权和处置权五项权利的传统组合形式，与通过权利让渡形成的契约约束下的"使用权"权利主体为核心行使使用权、占有权和收益权的新型组合形式并存的"双轨并行"的高校产权制度安排形式。并且这种"双轨并行"的产权结构形式仍处于发展上升阶段的初期，还有巨大的潜力等待发掘，对于非核心工作的外包可以换得更加低成本、高质量的服务，这将会成为高校产权制度变迁中的重要发展方向。如此的发展趋势可以促使高等学校将更多的资金投向核心工作，并且让学校师生获得专业化水平更高的基本服务保障，可谓是一举两得的产权结构调整。

二、高校"所有权"权能自身结构组合多元化发展

我国高校"所有权"权能自身结构组合多元化发展主要表现在三个方面：一是我国高校的发展一直顺应国家高校发展的整体趋势，"所有权"多元化发展实际上是国家高校发展的大的发展方向；二是我国教育经费来源不仅朝向多元化方向发展，而且发展水平正在得到不断的提高；三是与教育经费来源多元化相伴而来的还有公立高校和民办高校的投资主体均朝多元化方向发展，这是与教育经费来源相辅相成的。

（一）顺应国家高校"所有权"多元化发展的整体趋势

新中国建立之后，很长一段时间都是高校的"所有权"权利主体为国家占据绝对的中心地位，这在很大的程度上保障了高等学校的资金来源的稳定性与安全性。但是随着改革开放的到来，市场经济的发展，高校改革的不断推行，单一由国家进行高等教育筹资的方式已经不能完全适应当前的社会环境，提升整体国民素质，进行高校扩招与

高质量建设都需要更多的教育投入，只由国家作为高等教育的筹资者会为国家和地方财政带来更大的压力，也会在一定程度上制约学校的整体发展。早在 1992 年邓小平同志的南方谈话就已经在打破社会经济封闭的同时，也打断了教育行政部门对民办高校发展的管制，江泽民同志在同年的中国共产党第十四次全国代表大会的报告上也曾提出："鼓励多渠道、多形式社会集资办学和民间办学，改变国家包办教育的做法"[①]。随后，在政策支持与法律法规不断完善的前提下，我国的各类民办高校如雨后春笋一般不断涌现出来，并且高校"所有权"权利主体也改变了以国家为一元主体的状况，从而朝向多元化方向发展。二十多年民办教育得到了不断的发展，全国各地都可以看到民办高校蓬勃发展的身影，截至 2015 年国家统计局的数据显示，2015 年我国普通高等学校共有 2560 所，同年的教育部官网显示我国的民办高校共计 734 所，也就是民办高校占普通高等学校数量的 30% 左右，这很直观地反映了我国高校"所有权"权能自身结构组合已经从国家为一元投资主体向多元投资主体共同组合的方向发展。

(二) 教育经费来源多元化水平不断提高

高校"所有权"权利主体的组合划分主要是根据教育投资来源进行划分，而投资来源实际上可以从教育经费的投入与教育经费来源来进行判断。根据国家统计局教育经费年度信息的统计数据，我们选择了我国近 20 年的教育经费数据进行整理研究，从时间和经费种类两个方面对我国教育经费的来源进行系统的分析。由于查找到的 2012 年至今的我国教育经费数据并不完整，为了以完整的数据进行研究，本书选择了 2007～2011 年共 5 年的教育经费数据整理出我国教育经费情况一览表，如表 4-1 所示。

---

① 郑锋：《民办高校财产权纠纷失范的路径探析》，载《黑龙江高教研究》2011 年第 7 期，第 1～7 页。

表 4 - 1　　　　　　　　我国教育经费情况一览　　　　　　单位：万元

年份	教育经费	国家财政性教育经费	民办学校办学经费	教育经费社会捐赠经费
2011	68802316	40234989	332915	431870
2010	54978649	29018026	269647	296357
2009	46450089	22645083	330962	261761
2008	42102369	20035116	301687	286343
2007	36341851	15983187	318788	271809

注：2007 年对部分教育经费统计指标进行了修订。"民办学校办学经费" 1992 ~ 2006 年指社会团体和公民个人办学总经费，2007 年以后指民办学校中举办者投入。

资料来源：国家统计局网站。

从表 4 - 1 中可以看出，从 2007 年开始我国的教育经费总额整体上一直在增加，而且增加的幅度很高，2007 ~ 2011 年教育经费的额度接近翻了一番。其中，国家财政性教育经费是我国教育经费的主要来源，随着年份的变化，国家财政性教育经费的发展方向与教育经费的整体发展方向趋于一致，并且在教育经费来源之中占据着绝对的主导地位，与教育经费额度的变化存在着显著的相关性。虽然国家财政性教育经费是我国教育经费来源的主要组成部分，但是不能忽视的是，2007 ~ 2011 年的 5 年时间里，民办学校办学经费也在不断地波动上升，民办学校中举办者的投入虽然远远比不上国家财政性教育经费的数量，但是这一不断增加的趋势也显示出了民办学校举办者为高校教育经费多元化发展做出了贡献。另外，教育经费社会捐赠经费的数量虽然与时间的变化没有直接的相关性，但是每年也都为高等教育筹资提供一定的支持。从此表中的变量组成以及具体数据变化来看，我国高等学校教育经费来源已经朝多元化方向发展，并不是只有国家财政筹资这一个筹资渠道，已经是国家财政、民办学校举办者和热衷于教育事业的个人及组织的捐赠共同组成了教育经费的来源，进而促进了教育经费来源从一元化向多元化方向发展。并且，每一年的各类教育经费的投入整体上都是朝着增加的方向发展，而且增加的幅度都相对较大，这对于高等学校的发展具有一定的推动作用，也在一定程度上可以证明我国高校教育经费来源多元化水平正在得到提升。

（三）两类高校投资主体均朝多元化方向发展

目前对于高校的分类主要遵循的就是"所有权"的权利主体所属的性质，一般以国家财政投资占据主体地位的高校称之为公立高校，而对于非国家财政投资占据主体地位的高校称之为民办高校。对于高校产权相关的研究多是按照此种分类标准对高校产权问题进行分别或综合的研究，因此想要分析高校"所有权"自身结构重组的相关问题同样不能离开对两类高校的"所有权"权利主体的研究。本书在做问卷调查的过程中，对于公立高校和民办高校的投资主体情况进行了问题的设定，通过对回收有效数据的整理绘制出我国高校投资主体调查结果统计图，如图4-1所示。

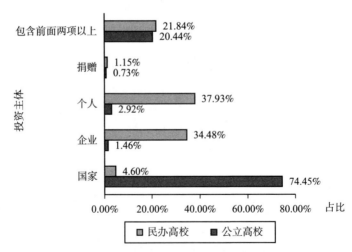

图4-1 我国两类高校投资主体调查结果统计

从图4-1中可以看出，公立高校的投资主体主要仍是国家，但是在高校的整体发展过程中，企业投资、个人投资和社会捐赠也占有一定的比例。民办高校的投资主体主要是个人投资主体和企业投资主体为主，社会捐赠的比例也要高于公立高校，但是在某些民办高校之中也存在国家的经费投入，国家也以不同形式为民办高校的发展提供经济支持，成为民办高校投资主体中的一部分。另外值得注意的是，无论是公立学校还是民办学校的调查参与者，都有一部分学校的参与者选择了"包含前面两项以上"的这个选项，而且选择这一选项的调查参与者的比例在两类高校参与者中均达到了 20% 以上，这也在一定程度上表明了两类高校的投资主体均朝多元化方向发展。除了对调查数据进行分析可以得到这样的结论之外，我们在对 A 校（辽宁省某公立高校）的一位经济学教授张老师（化名）进行访谈的时候也提到了这一问题，张老师认为高校产权的发展与公司产权发展有一定的共性，目前的公立高校和民办高校的所有权主体都已经不是由绝对单一的投资主体组成，国家财政支持具有自身强大与稳定的优势，而民间资本的汇聚有自身的活力，且能够缓解不断增加的教育支出为国家财政带来的压力，多渠道地筹资有利于发挥投资主体各自的发展优势，从而共同促进高等学校的整体发展。而且目前的经济条件下，高校的发展想要以绝对的公有或者绝对的不受国家扶持与参与的形式存在基本上是不太现实的，在高校的实际运营之中，高校的投资主体已经朝向多元化方向发展，在保证高校公益性不被打破的前提下，高校产权制度安排的发展最终可以借鉴企业改制的经验，朝向混合所有制的方向发展。

三、高校"使用权"权能自身结构组合趋向灵活

高校"使用权"权能自身结构组合趋向灵活，主要是指使用权权利主体与使用权实际权利之间的组合结构。传统上讲，高校产权中使用权权能是依附于所有权这一权能的，也就是高校财产的所有权权利主体同时享有各项实际的使用权。但是随着所有权权能自身结构的多元化发展，所有权权利主体也朝向多元化方向发展，与之对应的使用权要适应高校转型发展的新形势，逐渐演化出"使用权"权能让渡的新型组合

模式。而且接受"使用权"权能让渡的往往又是与原"所有权"权利主体没有直接相关的新的权利主体，在契约的约束下，新的权利主体对于其接受让渡的"使用权"会进行充分、专业的使用，从而提升"使用权"自身结构组合的灵活性。

（一）"公益性"使用权保持中心地位不变

高等学校的存在就是围绕"公益性"而不能改变的，因为高校的使命就是要为国家和社会输送优秀人才，提供先进理论思想和高新科研成果。高校中存在的所有高校财产，无论来源于何方，无论投资主体多么丰富，其"使用权"要首先满足于高校师生的基本需求，进而实现高校"公益性"的中心地位。我国高校的使用权整体遵从这样的原则，在日常的教育、学习相关的财产使用权，以教师和学生为使用权的权利主体，行使他们充足的使用权利，确保教学与科研工作顺利展开。学校内图书馆的资源、实验室的资源、教室的资源、体育馆的资源等等与教学科研相关的使用权都在学校的监管之下确保高校师生可以充分使用，从而确保高校发展过程中"公益性"使用权保持中心地位，以高校师生为主要的使用权权利主体，从而行使与之相对应的公益性实际使用权利，保证高校发展不偏离以"公益性"为核心的发展轨道。

（二）"契约型"使用权让渡蓬勃发展

在确保"公益性"使用权中心地位保持不变的前提下，高校作为一个"浓缩的社会"，为学生提供的不只有教学和科研直接相关的服务和保障，还涉及到住宿、餐饮、商业服务等后勤服务工作。高等学校的整体发展是以教学和科研工作为主，但是后勤保障工作也是不容忽视的，而由于高校庞大的后勤工作涉及方方面面与教学、科研相关性较小的细微安排，实际上后勤工作更需要与之相对应的专业人士来行使"使用权"，以确保为高校师生提供更好的服务，但是高校的所有者又难以确保具有此方面的专业性管理运营能力，因此由"所有权"权利主体以签订契约的形式让渡"使用权"形成新的"使用权"权利主体的情况就与之相伴而生了。通过对问卷调查中与后勤服务相关的问题的数据进行统计和处理之后，得出高校后勤服务提供主体的调查统计，如图 4 - 2 所示。

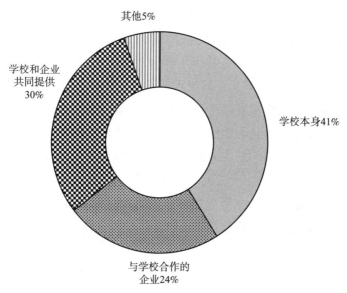

图 4 - 2　高校后勤服务提供主体的调查统计

由图 4 - 2 中可以看出，在调查参与者所在的高校之中，后勤服务有 41% 是由学校本身提供，有 24% 是由与学校合作的企业提供，有 30% 的调查参与者选择的是学校和企业共同提供，只有 5% 的调查参与者选择了其他。从图 4 - 2 中可以看出非学校本身提供的后勤服务比例占到总数的 59% ，超过了一半的数量，这在一定程度上也反映出后勤服务的提供者作为高校"使用权"权利主体的重要组成部分已经不完全依赖于学校本身的"所有权"权利主体，形成了以不同形式存在的新型"使用权"权利主体，而实际上这种形式的使用权权利主体获得的权利往往是从"所有权"权利主体处让渡而来的。但是权利的让渡不能是盲目的，必然需要一定的约束来对权利的使用加以规范，这个规范就是要求权利让渡双方签订具有法律约束力的合同，也就是以契约的形式形成具有法律意义的强制约束力。

"契约型"使用权的让渡在我国各高校之中是普遍存在的，而且这种存在是与高校依据"所有权"主体划分的学校类型没有直接相关性的，无论是哪一类高校都存在"使用权"让渡的情况，并且发展趋势具有较强的一致性。同样以后勤服务为研究实例，本研究通过对我国公立高校和民办高校后勤服务提供主体情况的相关数据进行综合分析过后，得到两类高校后勤服务提供主体占比的比较图，如图4-3所示。由图4-3中的数据及条形图状况可以看出，无论是公立高校还是民办高校，后勤服务的提供者都已经不是学校本身占据绝对优势，而是朝着多元化方向发展，并且与学校合作的企业以独立提供服务的形式，或者和学校共同提供服务的形式来为高校师生提供专业化的后勤服务，通过签订契约来接受权利让渡行使"使用权"的整体发展趋势是一致的，两类高校并没有太大的差距。这种比较也在一定程度上验证了"契约型"使用权让渡在我国高校之中已经蓬勃发展起来，并且将持续成为一种发展趋势。

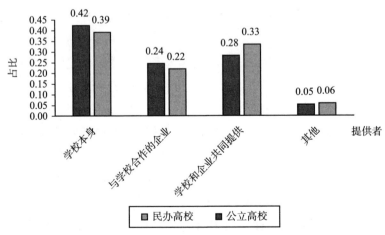

图4-3 两类高校后勤服务提供主体占比比较

（三）"层次性"使用权让渡促进服务品质的提高

我国高校"使用权"让渡形式主要分为两种，下面仍以后勤服务的使用权让渡为例进行具体研究。第一种"使用权"让渡形式为：高校后勤部门直接负责管理，将高校后勤服务中的具体服务外包给各个直接提供服务的商户，由高校后勤部门对这些商户进行直接的监督和管理，再由商户根据自身的专业化经营来行使通过签订契约获得的有限"使用权"，从而在提供专业化服务的同时获得自身所需的收益。第二种是高校通过招标等形式，直接将后勤服务整体外包给某个物业公司，通过校企合作的形式来将后勤服务整体交由专业的公司来进行运营，通过签订合同的形式，以契约为保障将后勤服务整体外包出去，这种"使用权"的让渡是属于学校和物业公司层面的权利让渡，在此层面物业公司成为相关后勤财产新的"使用权"权利主体，从而代理学校行使契约规定的相应权利。但是物业公司未必能够完全通过一己之力来做到每一种服务都足够专业，而且为了减少成本获得一定的收益，接受权利让渡的公司可以在契约规范约束之下，将食堂档口或商服店铺转包给直接提供具体服务的商户，与商户再次签订契约进行"使用权"的二次让渡，在完成二次让渡之后由商户直接提供专业化的服务，由公司进行统一的整体规划与管理，并由公司和学校保持直接的联系与沟通，确保学校不失去对整个后勤服务提供质量的监督。实质上，两种形式的"使用权"让渡都是具有"层次性"的权利让渡，通过不同层次的权利行使来起到激励与约束作用。实际上，无论是哪种形式的"使用权"权利让渡，最终实际直接行使相应财产使用权而为高校师生提供服务的都是具有专业水平的专业人士，他们可能是私人商户，也可能是公司机构，在获得自己期望的收益值的激励之下，也在上一层权利让渡者的监督之下，高校财产使用权的使用效率会得到较大提高，"层次性"使用权让渡可以促进服务品质的提高。当前高校"使用权"权利让渡已经成为我国高校非核心服务提供的主要发展趋势，在对各类高校师生关于学校提供服务的满意情况进行调查统计，得到的满意程度达到

89.73%之高，这就是对"使用权"权利让渡的服务品质进行了有力验证。

四、高校"收益权"权能自身结构组合较为模糊

"收益权"是指以合法的途径获取资产所产生的物质利益的权利，高校"收益权"的权利主体行使收益权，往往是通过学校沿街建筑物或校内商业服务所用建筑物的资金、高校投资的证券收入、科研项目成果转化收入等形式加以完成。[①] 高校"收益权"的权利主体往往不是独立的，多是依附于"所有权"权利主体或者是"使用权"的权利主体，而使用权的权利主体又具有层次性，因此"收益权"权利主体与实际权利的使用往往也处于分散状态。对于高校收益权的争论一直相对较多，争论的焦点往往是在"高校收益如何分配，怎样使用"，尤其是对民办高校的收益权争议更多。

(一)"收益权"的权利主体确权不够明晰

权利主体是高校产权中每一项权能直接行使权利的主体，权利主体对于相应权利的划分是否明确会直接影响权能作用的实际水平。由于高等学校"公益性"的特点，对于"收益权"的权利主体与实际权利的划分在我国高校之中存在相对模糊的现状。对于我国高等学校的收益，国家统计局的数据显示的只有两类，一类是教育经费事业收入，另一类是教育经费学杂费收入。其中，教育经费事业收入是指高等学校开展教学、科研及其辅助活动依法取得的经费收入，而教育经费学杂费收入指的是高等教育阶段学生缴纳的学费。在国家统计局网站上可以查到我国高校 2011 年的教育经费事业收入是 24007176 万元，教育经费学杂费收入是 18121026 万元。通过具体的数据来看，我国高校在经营过程中获

---

① 陈鹏、王雅荔：《基于公立高校法人财产权特殊性的贷款制度设计》，载《陕西师范大学学报（哲学社会科学版）》2012 年第 6 期，第 147～153 页。

得的收益数额较大，但是对于这些收益具体的收益权由谁来行使，对于收益权的实际权力如何来行使都并不清晰。由于高校"公益性"的特殊属性，在很长一段时间之内高校都是被要求不能以"营利"为目的的，这是对广大学生享受公平教育的一种保障，同时为了保障投资者的收益的公平性，国家也曾经提出过在确保高校维持可持续发展的前提下，允许高校获得"适度"收益，但实际上"适度"收益的具体范围又难以把控。而且高校涉及的收益往往又不只是事业收入和学杂费收入这两项，还涉及后勤服务收入、校企合作获得的收入等多种形式，这就对分散的各个"收益权"的权利主体提出了实际权利如何使用和接受监督的挑战。高校之中具体存在多少收益权的权利主体，他们又分别享有怎样的实际收益权现在仍旧很模糊。

（二）"收益权"的实际权利已经发挥激励作用

虽然说对于高校"收益权"的权利主体与实际权利之间的组合划分并不十分确切，而且高校"收益权"本身也饱受争议，但是高校"收益权"是确实存在、不容置疑的，而且在我国高校之中，"收益权"的实际权利已经发挥激励作用。首先，无论是公立高校、还是民办高校，在获得事业收入和学杂费收入的同时，"收益权"的激励作用已经得以展现。因为这两类收入是高校运营中最基本的收益，也是由高校直接获得的收益，在行使收益权的同时可以有资金流入到高校的可持续发展运营之中，为高校的发展提供资金支持，促进学校向更好的方向发展。其次，高校并不是只有这两类收入，如本研究中所提到的，当前由签订契约形成的权利让渡下的"使用权"权利主体也是"收益权"权利主体的重要组成部分。在此过程中，高校将部分财产"使用权"以外包的形式让渡出去，从中可以获得一定的收益以用于高校的可持续发展，而接受权利让渡的新的权利主体，除了可以获得部分财产使用权之外，还可以获得相应的"收益权"，在自身期待的收益回报的激励之下，新的权利主体会为高校师生提供物美价廉的优质服务，"收益权"的实际权利在此过程中实际上已经充分发挥其激励作用。最后，通过对相关问题的访谈记录进行整理后，从受访者的言语之中也可以看出，当前高校在经营过程中都是存在"收益"的，收益权实际上已经在高校之中充分地发挥了其激励作用，收益权的权利主体都在强而有力的激励作用之下致力于促进高校向更好的方向发展。只是对于高校"收益权"的权利主体与实际权力的确立仍需进一步明确，以有利于监管和进一步提升"收益权"的激励效果。

（三）政策性引领利于"收益权"权能自身结构重组

政策性引领是高校产权制度安排发展的风向标，有利的政策支持对于高校"收益权"权能自身结构重组有着重要的促进作用。对于高校"收益权"自身产权结构的发展，国家根据不同的学校类别给予了不同的协助与引导。公立高校的主要投资者是国家，因此对于"收益权"来说也是以国家为权利主体，国家对于公立高校的"收益权"的规定也相对系统。而对于民办高校来说，由于民办高校的投资主体组成形式较为多样，并且民办高校从纯公益性的办学到具有"营利"趋势的发展过程中，各种新的问题不断涌现出来。因此，国家政策性引领更多的是对民办高校的约束与规范，既希望民办高校蓬勃发展起来为高校整体发展带来活力，又希望对民办高校进行合理的约束以确保教育公平、公益性地发展方向不动摇。我国高校产权相关政策法规中，对于"收益权"相关的具体规定相对较少，实际上仍是以"公益性"为前提安排高校获得的收益，对于高校投资主体希望获得实际收益权以发挥"收益权"的激励作用有所忽视。但是，到 2016 年 11 月中华人民共和国第五十五号主席令下发之后，《中华人民共和国民办教育促进法》修改通过，并于 2017 年 9 月 1 日起施行，民办教育的收益权相关问题又有了新的政策引领。修改后的民办教育促进法中不再单独强调民办学校的非营利性和适度收益问题，而是在第十九条中明确指出："民办学校的举办者可以自主选择设立非营利性或者营利性民办学校。非营利性民办学校的举办者不得取得办学收益，学校的办学结余全部用于办学。营利性民办学校的举办者可以取得办学收益，学校的办学结余依照公司法等有关法律、行政法规的规定处理。"将民办高校分为营利性和非营利性高校，对于投资性质的民办高校来说，收益权的有效区分会更加容易，既然是营利性学校，依法取得合理收益就得到了法律上的认可，并且依据法律法规进一步规范"收益权"权利主体的权利界限变得更有依据性。国家和政府对高校收益权相关的政策不断完善，在政策性引领之下，相信高校"收益权"权能自身结构重组会更有效率。

第四节 中国高校产权制度变迁存在的问题

一、宏观层面存在的问题

教育主权与教育产权、所有制与所有权认识的混淆，致使中国高校产权制度改革进程滞后，产权主体责任界定的虚化和各权能边界的不清晰，致使中国高等教育整体普遍存在低效率问题。

（一）产权概念认识混淆

中国高校产权制度改革滞后于经济改革，这和人们对教育主权与教育产权、所有制与所有权认识的混淆直接相关。①

1. 教育主权与教育产权的区别

教育主权是国家主权的组成部分，是一国处理与该国教育有关的事务的最高权力，具体地说可以分为教育立法权、教育规划权、学校审批权以及教育监察权四种权力，对内表现为一国处理其国内教育事务的最高权力，对外表现为其处理教育事务时的独立自主权。我国教育法第六十七条规定："教育对外交流与合作坚持独立自主、平等互利、相互尊

---

① 高金岭：《教育产权制度研究——基于新制度经济学的分析框架》，广西师范大学出版社 2004 年版，第 242～244 页。

重的原则，不得违反中国法律，不得损害国家主权、安全和社会公共利益。"这就是从教育主权的角度进行的规定。教育产权和教育主权是属于不同范畴的概念，如果不将二者有效区分，必然导致中国高等教育产权改革不敢改，也不能改。潘懋元教授在 2003 年就对这两个概念举例进行了区分："如控股权 51% 以上的控股权是产权，而不是主权。掌握 51% 的控股权可以使用董事会的权力决定学校如何办，更有利于学校的发展，提高办学的效益。但合作办学的学校，必须遵守国家的宪法、教育法规和其他有关法规，遵照国家的教育方针办学，而且要接受教育行政部门的管理与监督等等，所以并不涉及或影响国家的教育主权。至于与学校财产有关的问题，如营利问题，税收问题，都属于按国家有关规定的产权问题。也就是说，把教育主权和教育产权分别界定清楚，许多问题，就不涉及主权问题，并非放弃主权或危害主权。"①

2. 所有制与产权制度的区别

在理论研究和社会实践中往往将二者混为一谈，认为产权就是私有制，谈高校产权改革就是私有化。这二者的关系如果混为一谈，将会成为困扰中国高校产权制度创新的一个重大隐患。所有制是指人们对物质资料的占有形式，产权是对财产的广义的所有权，二者区别有两点：一是包括内容不同。所有制作为经济主体与生产资料的结合方式，规定着人们在生产资料占有方面的关系；产权制度则通过对产权的界定、运营和保护，明确人与人之间相应的责、权、利关系。所有权的归属是所有制关系的核心，但产权制度不仅仅反映所有权，它更多地反映狭义所有权、占用权、使用权、收益权、处置权等权能的分割和重组形态。二是所属层次不同。所有制范畴经常被用来规定一个社会的基本经济制度；而产权是在制度既定的情况下，对作为所有制核心的所有权的法律确定。可见，所有制决定产权制度存在和调整变化的"域"，产权制度在现实经济过程中实现着所有制。同时也要看到，产

---

① 潘懋元：《教育主权与教育产权关系辨析》，载《中国高等教育》2003 年第 6 期，第 14~16 页。

权虽然受到所有制的制约，但是产权不仅仅指向所有制问题，而更多地指向所有权状态下的各种产权权能的配置。在同一所有制背景下，可以存在多种产权制度安排，不同的所有制也可以采用同样的产权制度得以实现，例如，股份制既可以作为公有制实现的方式，也可以作为私有制的实现方式，同样，股份制这种产权安排，既可以作为资本主义国家高校产权改革的实现形式，也可作为社会主义中国高校产权制度创新的实现形式。

（二）产权主体责任界定虚化

中国高校的产权安排存在着产权关系条理不清晰、界定不科学、"政校不分"，这与现代大学产权制度要求下的产权清晰是相悖的，主要有以下方面：

1. 高校产权责任主体界定不清

高校作为社会生产的一个部门，虽然不直接生产实物形态的产品，但是它会产出无形的价值观念、科学知识、人力资本等，也存在着资源利用效率问题。面对资源的有限性，如果产权责任不清晰，就会导致大量的高等教育资源不可避免地被浪费和损失。比如在经费管理上，存在经费支出缺乏计划预算等现象；在物流控制上，存在购入不检验、消耗不定额等现象。这都和高校产权的界定不清晰有关。又比如传统高校的产权制度是一种出资人所有权和法人财产权合二为一的经营产权制度。在这样的制度背景下，政校合一，高校既是一个行政组织又是一个社会组织，唯独不是单个教育组织；高校虽然也有形式上的行为边界，但却没有真正意义上的行为边界，这与出资人所有权和法人财产权相分离的现代产权制度要求是相悖的。特别是民办高校，虽然在改革开放以后有较快的发展，但是投资者与各方的产权关系界定不清晰，使投资者、管理者与高校教职工各方在财产方面的责、权、利关系难以理顺，民办高校的发展受到了极大的"瓶颈"限制。

2. 高校产权管理的行政化特征明显

中国传统的计划经济体制下逐渐形成了以政府财政拨款投资、统一进行计划管理等办学为基本特征的高等教育制度体系。国家的教育行政部门虽然不是国有资产的所有者，但却是实实在在的代理人，掌控着国有资产的支配权。政府既是所有者又是管理者，教育行政管理部门作为中间委托人再委托高校行政管理机构为代理人来具体经营管理高校，通过行政系统行使支配权直接管理各级各类高校，而高校仅是政府行政机构的附属物。高校的招生及入学考试、课程设置和教学规范全由政府统一计划安排和管理，学校没有调配有形资产、无形资产、人力资本等高等教育资源的自主权。这中间还可能存在着高校的财产作为公共财产，范围过于宽泛化了，国家的产权和高校的产权责任难以划分清晰，存在资源效率配置不高的问题。既作为国家行政机构又是高校财产权受委托方的高校行政管理部门，不可能将投资人、委托人的利益最大化作为己任，它会考虑自身利益的最大化以及不可避免地存在管理信息不对称等情况，所以进行管理的高校行政管理机构这时作为两级的"委托—代理"关系的间接代理人运用公众的财产，各个关键环节都可能缺乏成本收益观念，存在收益的短期化行为，使得高等教育资源面临被浪费闲置和低效率使用的困境。

3. 高校产权制度缺乏有效的约束

高校产权通过对高校财产的实际的占有、使用、收益、处置等权利的定位，进而约束在高等教育领域内人们之间相互行为的关系。但是作为传统高校产权，政府既是高等教育资源的唯一的出资者，又是所有高等教育资源的拥有者，只根据其行政意志赋予高校一定的发展权。不同高校同属于一个主体，客观上降低了相互竞争的可能性，高校自身不存在风险，"旱涝保收"的情况也就普遍存在。相对应的是高校不承担经营的风险却规避了政府承担的投资风险，即风险不对称。在产权范围内，高校享有相应的权利却没有承担与之相对应的经营风险的义务，使得产权缺少约束的功能，同时这个"委托—代理"关系还缺少应有的监督机制，高等教育资源的运作效率同样可能存在低效率，在这种制度安排下，政府和高校双方都只能对教育的低效率采取容忍的态度，因而这样的高校产权是缺少有效约束力的。

（三）各权能边界不清晰

随着中国高校办学体制多元化的形成，涌现了大批的公办民助高校、民办高校、联办高校、中外合作制高校、股份制高校等。不同形式的高校体现出不同的产权权能结构。高校产权的安排从理论上来说应该是形态各异的。这是因为高校产权权能的分离和组合导致了各高校产权权能结构的不同，高校产权拥有者所享有的权利自然也将存在着区别。若能准确地认定高校产权权能结构，就可明晰高校产权拥有者和其他相关权利人各自所应该享有的权能，划清各自的权利界限，从而就可以切实保护各方的利益。因此，正确把握高校产权权能结构具有相当重要的意义。

如果对高校产权没有明确而完整的认识，就谈不上对高校产权中不同权利的分解、重组等问题。各种权项没有明确的界定，当然也就更谈不上对它们的权责的区分。也正因为如此，中国目前存在着国家、教育管理当局、高校三者间的权利的不清晰，以致我们仍然需要很好地解决高等教育领域内的"委托—代理"关系。至今在中国的高校中，校长往往充当的是"管家"的角色，其教育思想往往没有用武之地，也没有权利和平台让其展示。与此同时，教育局局长却成了各高校的真正的"校长"。这不是正常的现象。所以我们现在必须明确高校产权责任，并且保证在高等教育产权的实施过程中各项权能更顺利地实现分解和重组。

这里需要明确的是对公立高校产权的分解、分散或分离，并不代表国有高等教育资产的流失。对公立高校产权的分解、分散或分离即是要求把原有的国家所拥有的高等教育产权，按照现代管理制度和市场经济的要求，分离出除所有权以外的产权，分散到非国家主体（机构或个人），这是正常的、合理的。一旦高校产权能够实现分解、分散或分离，高校产权就可能产生一种实际资产与价值资产相分离的状态，产生集权与分权的流转，打破单一投资主体的局面，引入更多高等教育资源，从而引导公立高校资产管理更加高效有序。所以，应制定高等教育产权分解的条件和原则。不管是股份制高校、国有民办、民办公助、私立民办高校等，或者是纯国有高校（委托—代理制），都应在章程或合约上十分清晰地确定高校投资者及其承办者或者管理者的权利、职责、义务的范围。也只有这样，才能够在现实意义上防止高等教育资产的流失，使高校出质量、出效益。

公立高校产权权能清晰，界定财产所有者的产权，不能只界定高校财产的归属，对于财产所有者而言，更为重要的是要搞清楚，除了高校财产的归属关系，他们还享受哪些额外的财产权利。不然，有名无实。某些代理人虽然名义上是一些高校财产的所有人，但是在高校实际运转的过程中，却无法正常行使自己作为高等教育资产主人名义上所应有的财产权利，这样的状况时有发生。所以很难从客观上说清他们的财产权利有没有被侵害。只明确了实行什么样的所有制，却没有具体规定财产的主人应该享有哪些权利，根本谈不上清晰地界定财产所有者的权力。因此，首先要明确高等教育产权所有者的财产权利的归属，在此之上，明确界定要他们还具有哪些财产权利，并且用相关的法律法规合理地规范和保护这些财产权利的行使。

二、微观层面存在的问题

"双轨并行"的高校产权制度安排主要是围绕"所有权"和"使用权"展开的，两项权能在当前高校之中都起着重要的作用，并且都与"收益权"有着极为密切的关系，可以说"收益权"依附于"所有权"与"使用权"之上，而"所有权"与"使用权"的权利主体又是"收益权"权利主体的重要组成部分，三项权能是高校产权中联系最为密切，变化也最为显著的权能。而产权权利束中的"处置权"始终属于"所有权"的权利主体，"占有权"依附于"所有权"和"使用权"，这两项权能的变化相对较小。我国高校产权制度变迁存在的问题实际上均离不开变化显著的三项权能，主要包括"所有权"权利主体与实际权利的组合效率的相关问题，"使用权"权利让渡后的监管问题和"收益权"面对新形势要做自身调整的问题，问题的根本仍旧是围绕"所有权""使用权""收益权"的三项权能而产生。具体说来，微观层面主要存在以下几个主要问题：公立高校多项权能权利行使效率低下、民办高校"所有权"权利主体与实际权利组合有待完善、"使用权"权利让渡的监管体系尚不健全、新形势下"收益权"权能自身组合面临较大变动。

（一）公立高校多项权能权利行使效率低下

公立高校的"所有权"权利主体组成比较简单，基本上就是国家一方成为公立高校的"所有权"权利主体，国家通过财政投入来支持公立高校的运营，并且通过国家的监管来确保公立高校的公益性得到保障。但是，国家作为"所有权"的权利主体往往是抽象的，因为"国家"的概念是广泛的，国家想要行使本应属于"所有权"权利主体的实际权利时，最终还是要落实到自然人的身上，而对行使权利的自然人的约束与监管以及权利的行使自由程度都会在很大程度上影响到权利行使的效率。

1. "所有权"国有条件下难以做到"政校分离"

对于公立高校所有权来说，显而易见的是高校所有权主要归国家所有，那么国家就是公立高校的"所有权"权利主体。从高校产权宏观结构是"双轨并行"的角度来看，对于高校保障"公益性"的核心教育、科研工作相关的高校财产占有权、使用权、收益权和处置权都应由"国家"——也就是公立高校"所有权"权利主体来行使。但是国家是个抽象的概念，对于相应权利的行使需要找到合适的代理人进行直接的行使，这个代理人往往是高校的校长，由校长代理行使高校日常运营中所涉及的各项权利。但是校长并不是高校产权的实际所有者，因此在行使权利的过程中也没有足够的自主权，对于学校的建设需要和上级部门进行沟通、申请、审批等等，而非学校内部的相关管理者对于学校的实际情况与实时情况的了解毕竟是有限的，通过考察、讨论、判断等众多程序之后再下达最终的决定很有可能已经错过了学校发展的良好机会，而且最后得到的也未必是最理想、最适合学校发展的决定结果。另外，当前高校实行的是党委领导下的校长负责制，这种制度在很大的程度上能够做到先进思想的引领，但是在此过程中也容易造成两种权利相互影响，从而导致拉低办事效率的问题出现。对待同样一件事情，不同的领导关注的重点并不相同，而同一件事情的决定权又较为分散，这在一定程度上确实可以起到相互牵制的作用，但是从长远来看，相互推托也容易造成办事效率低下问题的出现。以上种种问题的出现，归根结底是因为当前公立高校中国家和政府对学校的影响过大，也就是国家在所有权中占据了重大的比重，从而对高校发展的约束作用过大，过多的政府干预反而增加了外部成本，降低了高校稀缺资源的配置效率。

2. 组织结构臃肿造成"使用权"效率低下

公立高校普遍存在的一个问题就是组织结构臃肿，而这个问题会直接影响到高校"使用权"的利用效率，进而造成高校财产"使用权"效率低下。公立高校作为事业单位，享受着国家财政的直接投入，但是公立高校的整体组织结构臃肿，工作人员工作效率低下的问题也确实存在。在各个高校的行政大楼里，高校的不同部门每天都在各司其职地完成自己的工作，但是很多工作都需要多个部门、多个负责人的签字、盖章，而且各个部门看似独立又联系紧密，学校总体负责的每个部门又要同每一个学院的相应负责人或者负责部门进行对接，从而使得同样一个工作要经过多道"工序"才能够完成，耗费大量不必要的人力、物力来维持高等学校的运行。实际上高校中财产的"使用权"除了让渡给第三方的部分之外，多数都是围绕教学、科研等核心工作展开的，这类"使用权"的权利主体实际上是与"所有权"权利主体保持一致的，公立高校中"核心类使用权"的权利主体自然就是国家，实际上也就是同所有权的运行一样，也由国家选定的一类工作者遵从一定的规章制度行使实际权利。但是毕竟规章制度是僵化死板的，它并不能够机动灵活地随时发生改变，而为了让公立高校的管理具有一定的灵活性，国家也赋予了高校工作者一定的自主决定权，但是为了确保这种权利的行使不会被滥用，国家也通过"制约机制"的设计来促使不同的执行主体相互制约、共同行使权利。这在一定程度上能够达到制衡的效果，但是随之而来的还有组织结构臃肿问题，并且在此过程中"使用权"的实际行使成本大大提高，从而降低了高校财产"使用权"的使用效率，这个问题的根本原因还是在公立高校的所有权归属过于单一，国家的约束作用超过了理想水平。

3. 公立高校产权制度安排缺乏内在积极性

长期以来，中国公立高校产权的归属，既是完整而单一的，又是残缺而虚化的。说它是完整的，因为它是纯粹的国家所有的，除此之外，没有第二个高等教育投资主体。说它是残缺的，因为它除了归国家所有以外，它的占有权、使用权、收益权、处置权等往往又没有明确的主体在承担责任。其主要原因之一就是，在理论上没有能对公立高校产权有一个明确的认识，这样就导致了公立高校丧失活力，同时又缺乏约束力，使公立高校的宏观效益和微观效益都很差。公立高校内在的积极性的缺乏，使得任何一方都不会对公立高校经营得好坏以及高等教育资产的流失负责。

公立高校的产权重组主要需要在以下三个层次做出突破：

第一个层次就是解决"谁对国有产权保值增值负责"。这里需要强调的是，公立高校所有者财产权利的界定不仅仅局限于对高校财产归属关系的明确上，还应该在此前提下，明确到底谁是高等教育资产的"主人"，谁对高校产权的保值增值真正负责。例如，从法律上看，在中国公立高校传统产权制度中，产权似乎是清晰的，高校的财产在法律上明确归国家最终所有，但实际上在高校的运行过程中缺乏责任主体，因而造成了公立高校既缺乏活力又丧失了约束力。

第二层次是明确产权实现过程中不同权利主体之间的责、权、利关系。随着中国高等教育的投资形式由单一化的投资主体向多元化的投资主体的演变，高校产权制度安排各权能也开始分离。高校产权的分离和共享使得高校产权的各项权利可能分别归属不同的多个主体。因此，就有必要明确界定高校产权的所有者和高校法人各自应享有何种权利以及这些权利具体包括哪些内容，即产权清晰是基于产权明确后的必然要求。能否实现产权清晰，对于公立高校现代大学制度的构建具有重要的意义。产权能否清晰界定决定着中国公立高校政校能否真正分开，决定着中国公立高校能否完全实现法人治理，以及作为最终所有人的国家，其名下的高校财产的所有权能否得到切实保障。只有清晰界定了国家与高校法人之间各自应当享有的财产权利，政府和高校法人行为能够受到法律和契约合同的约束，才能够保证政府和高校法人各自在产权边界范围内行使其权利而互不侵扰。同时，某一方的权利一旦被侵害时，受害方能够依据相应的法规和合同来保障自己的权利。总之，明晰国家与高校法人的产权，就是要清晰划分出政府与高校法人各自的权利边界，使双方的责、权、利的边界得到明确划定。

第三层次是如何降低交易费用。即在公立高校产权主体确定且各自责、权、利关系明确的前提下，在政府与高校之间、各高校之间、高校内部以及高校与其他产权主体之间契约合同的生成与执行。契约的生成和执行都不可避免地涉及交易费用，主要取决于两个要素：一是是否制定了有关高校之间的交易行为、市场活动、谈判签约、履约检查、违约处罚等法律法规；二是"人的要素"，包括因"无知"而产生的问题和由"奉献"行为带来的问题。就前者而言，即在产权的界定过程中，由于自己在谈判签约中对应有的某些权利不甚了解和对相关知识的缺乏而导致权利丢失，使合同中留下了某些模糊的空间，一旦出了问题时才如梦初醒、后悔不迭；后者即指当事人在交易过程中出于对自己的私利的考虑，与谈判签约方串谋以损害高校的利益。

（二）民办高校"所有权"权利主体与实际权利组合有待完善

民办高校之所以没有直接称为"私立高校"，实际上一个重要的原因就是民办高校的实际投资者的组成较为多样化，既有个人出资组成的民办高校，又有企业出资形成的民办高校，更多的是多种类别的出资人共同出资组成的民办高校。一所民办高校之中的实际投资者既包括个人，又包括企业，还有可能同时存在捐赠或者国家扶持资金的投入等情况。众多的投资者共同组成了民办高校"所有权"的权利主体，这对于所有权实际权利的分配与行使就提出了挑战，如何形成各方满意的权利组合形式是民办高校"所有权"权利分配面临的最重要的问题。

1. 民办高校"法人财产权"的落实存在争议

法人财产权最初的提出并不是源于高校产权本身，而是源于国有企业的产权结构调整，是对"所有权"和"经营管理权"进行分离改革的过程中摸索出的新提法。在企业中，法人财产权是指国企的实际财产所有权仍属于国家，但是国家把企业整体交给企业占有和使用，企业具有具体的经营权，却不具有实际的所有权，并且《公司法》对公司享有股东投资形成的全部法人财产权具有明确的规定，即根据市场需求自主组织生产经营，自负盈亏[①]。《民办教育促进法》2016 年修改之后对于"法人财产权"仍有明确规定，第三十六条指出："民办学校对举办者投入民办学校的资产、国有资产、受赠的财产以及办学积累，享有法人财产权。"第三十七条指出："民办学校存续期间，所有资产由民办学校依法管理和使用，任何组织和个人不得侵占。"此处所提到的"法人财产权"与《公司法》中所提到的基本具有一致性，但是对于高校法人财产权的落实却一直存在争议。2007 年，教育部下发的《民办高等学校办学管理若干规定》即是要推进落实民办高校法人财产权，要求民办学校将资产过户到学校法人名下，由学校法人享有对实物财产的实际支配权。但是民办高校"法人财产权"的落实却迟迟没有得到显著成果，因为一直以来民办高校的投资者，也就是民办高校所有权的权利主体，对于此项政策的推行存在一定的抵触情绪。因为当前我国的民办高校发展虽然具有公益性，但是其资金的筹备多数

---

① 董圣足：《关于民办高校法人财产权的思考——基于 45 所民办院校法人财产状况的调查分析》，载《教育发展研究》2007 年第 2 期，第 1~5 页。

是属于"投资型",所有权权利主体很难接受将自己投资财产的各项权能直接无偿让渡给高校法人,这就与社会大环境想要对民办高校权利进行更强约束的需求产生了一定的矛盾。实际上民办高校投资者的担忧也是值得理解的,作为所有权的权利主体享有与之对应的权利并不是没有依据,在落实民办高校法人财产权的过程中实际上需要更多地了解直接相关者的诉求,从而寻找到更有利于民办高校发展的权利行使方式。

2. 民办高校缺乏明晰的权利分配组合规范

民办高校的发展为高校整体的发展带来了活力,也为其自身发展的不断完善带来了良好的机遇。随着民办高校的不断壮大,国家对于民办高校发展的利好政策也不断增多,税收优惠、国家补贴、权利放宽等等利好政策都为民办高校的长足发展奠定了基础。但是民办高校在实际行使权利的时候却面临着缺乏明晰权利分配组合规范的问题,因为一方面民办高校在新中国成立后的发展要晚于公立高校,如何形成与当前社会形态相适应的组织形式还需要不断完善;另一方面是民办高校自身的权利主体较为多元,如何合理地分配高校中的各项权利本身就是一件较为复杂的事情。民办高校现有的权利分配主要包括成立董事会来行使相应权利和校长负责制来行使相应权利两种主要形式,这两种形式的权利分配在民办高校的整体发展中都是以发挥积极作用为主。但是无论是成立董事会还是校长负责制,实际上都是主要投资者的权利行使渠道,董事会的董事组成以主要投资者为主,校长往往也是直接投资者自行担任或直接任命,实际上并未改变权力过于集中的现实。权利的集中一方面利于民办高校提升决断力,减少因为层层权力制衡而造成的高校经营的外部成本,从而提升民办高校的运营效率,但是另一方面也容易出现权利滥用的问题。权利滥用相关的问题主要有二:第一,权力过于集中有可能出现民办高校投资者利用民办高校办学的优惠政策,将与学校办学无关的债务"偷梁换柱"地转移到高校办学之中,也有可能出现将民办高校的收益进行转移,而不顾高校自身可持续发展的问题。第二,民办高校投资者之中也存在投资多少之分,那么在行使权利的过程中权利拥有的比例也各不相同，有些投资者虽有实际投资却无法获得实际权利，在民办高校整体发展中的权利行使较为单薄，从而造成民办高校权利主体行使权利缺乏制衡机制，也会造成权力监督的薄弱，进而也会产生权力的滥用。以上种种问题的出现，对于民办高校的发展都有着较大的影响，而问题本身实际上归因于当前民办高校缺乏明晰的权利分配组合规范，适度的约束才能够更好地提升高校发展的实际效率。

3. 民办高校缺乏明确的"财产所有权"

民办高校的产权如何界定，是民办高校投资人、举办者等普遍关心的焦点问题，也是学术界争论的热点话题。借助经济学对产权的定义，可以将中国民办高校的产权解释为：由民办高校的财产所有权以及与财产所有权有关的其他财产权利（占有权、使用权、收益权、处置权）所构成的一组权利束。现阶段，中国民办高校主要分为捐资办学和投资办学两种形式，也称为非营利高校和营利高校。一般说来，捐资办学形式的属于非营利性高校，非营利性质决定了高校的产权应该归民办高校所有，即高校财产由高校统一占有、使用、支配和处置，任何组织和个人不得侵占民办高校的财产，当然也包括捐资者。而投资办学的民办高校则一般为准营利高校或营利高校，但他们各自也因形式不同，导致其产权也不尽相同。《民办教育促进法》最新修订之前，投资办学的民办高校的产权结构由于受民办高校不以营利为目的的约束通常较为复杂，因而该类高校的产权一直混沌不清。办学者的投入，只是在高校被解散后才能返还，而且增值部分的财产还不能归属举办者。这意味着办学者非但与高校运营过程中所获得的滚动累积无关，还得承担货币贬值所带来的损失。在《民办教育促进法实施条例》中明确规定："民办教育事业属于公益性事业。"由于许多涉及办学者和师生根本利益的法规政策还不够明晰，使投资者和家长有束缚、有顾虑，使整个民办高等教育的发展无法取得重大的突破。比如原有的《民办教育促进法》中指出：民办高校对举办者投入民办高校的资产、国有资产、受赠的财产以及办学积累，享有法人财产权，"出资人可以从办学结余中取得合理回报"等，由此可以看出，对民办高校的产权归属、办学主体的财产转让、产权重组等问题，这些法规都予以了回避。由此可见，中国民办高校的举办者和投资者都有一个共同产权的缺失——财产所有权，尽管他们举办和投资了民办高校，但却没有所有权；尽管在民办高校存续期间他们有占有权、使用权，但却没有收益权和处置权。可见，中国民办高校存在两个典型的产权主体缺位——所有权和收益权。所有权和收益权的缺位必将会极大地制约中国民办高校的产权激励功能，削弱有志于举办民办高等教育人士的投资积极性，对中国高等教育事业的短期和长期发展都将带来不利影响。目前民办高校之所以能发展起来，主要是因为现行政策存在弹性，有政策空间让民办高等教育投资者可以谋利，否则民办高校根本就发展不起来。当前，民办高校产权制度安排应该是以投资者为主体，进一步明晰狭义所有权，在此基础上重组民办高校的各项产权权能。按照谁投资、谁拥有、谁受益的原则，民办高校的产权应属举办者，并享有高校财产的收益权与所有权。投资者是民办高校的法人代表，民办高校在经营期间其营利部分，投资者可以获取合理的回报。

（三）"使用权"权利让渡的监管体系尚不健全

无论是公立高校还是民办高校，当前对于学校非核心业务都存在外包给第三方进行专业运营的部分，其中以后勤服务的外包最为典型，这实际上就是本书中提出的高校"所有权"权利主体将部分"使用权"进行权利让渡，形成新的"使用权"权利主体，运用更为专业的运营方式来行使契约规定的使用权。"使用权"的权利让渡对于提升高校资源的整体配置效率具有显著的作用，而且当前的发展具有勃勃生机，高校非核心业务的"使用权"权利让渡已经成为高校产权制度安排中的重要组成部分，并且有着更为广泛的发展空间和较大的发展潜力。但是，毕竟这种形式的权利让渡尚处于发展阶段，整体的运营都处于摸索阶段，在"使用权"权利让渡的过程中难免会出现这样或那样的问题，那么对于已经出现和可能会出现的问题要如何面对和解决？这就需要成熟的监管体系来进行监督和管理，以利于权利让渡带来的服务运行效率得到提升。但是，事实情况是当前高校"使用权"权利让渡的监管体系尚不健全，一是"权利让渡"缺乏专业的监管组织，二是已有监管体系的监管透明程度有待提高。

1. "权利让渡"缺乏专业的监管组织

高等学校"使用权"权利让渡的形式各不相同，既有将部分使用权整体让渡给第三方企业的，也有在高校自身的监管之下将具体的业务经营让渡给直接行使使用权的商户的，不同的学校出于不同的考量，并结合自身的发展前景会做出不同的选择，但是对于"权利让渡"的监管除了"契约签订"之外，就显得较为零散。"使用权"权利让渡的业务虽然并不是高校的核心业务，但是往往规模大、涉及业务范围广，并且时常与"占有权"和"收益权"一同捆绑让渡，在高校发展中的地位也是不容小觑的，缺乏专业的监管组织进行直接监管，很难保证权利让渡后实际权力的运用是否与契约规定中的趋于一致。当前高校使用权的权利让渡的监管工作主要是由与"权利让渡"接收者相对应的高校管理部门负责，而"权利让渡"接收者往往涉及不同的业务，同时与高校不同的管理部门产生直接联系。但是，与接受权利让渡的"使用权"权利主体进行对接的不同部门又都不是专业的监督管理组织，缺乏成熟的监管准则与监管程序来对权利让渡后的权利主体如何行使实际权利进行系统而有效的监管。

2. 已有监管体系透明程度有待提高

虽然高校现有的"使用权"权利让渡监管体系不够系统和专业，但是现实中也发挥着重要的作用，其专业程度可以逐渐完善，并不能对已有的监管体系全盘的否定。不可否认的是"权利让渡"监管体系是以不同的表现形式存在的，尽管其名称可能不尽相同，但也在切实地发挥作用，只是已有监管体系透明程度有待提高。对于"使用权"权利让渡所形成的新型权利主体，在实际权利运用的过程中一定会受到一定的监督管理，但是具体由哪些监督管理部门、监督管理路径和相关要求对外的公示程度比较低。虽然说监管部门的监管有具体的工作人员负责，但是真正的监管必然离不开接受"权利让渡"的权利主体的日常表现，而日常表现不是办公室中的简单数据就可以加以判定的，更多的是对其提供的服务质量从硬实力和软实力两方面按照标准进行衡量。硬件的监督和管理较为容易,但是软实力的监管就不那么简单,更需要的是接受服务的高校师生分享直接感受,进行客观评价,要留出专有通道以便于师生发挥群众监督作用,才能更好地完善对"使用权"权利主体的规范。但是当前对于已有监管体系中的监管部门、监管条例、监管路径等的透明度都不充分,高校师生一方面是不清楚实际所接受的服务是否符合学校预定的标准,也就无法判定是否要进一步维护自身的合法、合理权益;另一方面是即使高校师生想要维护自身的权益,由于对监管体系知之甚少,也容易出现难以维护自身合法权益的问题。高校中能够进行"使用权"权利让渡的项目多数都是服务项目,与广大师生有着直接的相关性,需要得到广泛的监督管理,为了促进"使用权"权利让渡向更高品质和更加完善的方向发展,当前的监管体系透明程度迫切需要提高。

(四)新形势下"收益权"权能自身组合面临较大变动

2017 年 9 月 1 日开始实行新修订的《民办教育促进法》中提出对非义务教育阶段的民办学校建设,可以由学校举办者自主选择设立营利性或者非营利性学校,这对于民办高校产权中的"收益权"权能影响最为直接,高校建设可以直接选择是否具有营利性质,而不是"一刀切"地要求"不以营利为目的",更加有利于通过"收益权"的分配与行使来调动高校的办学动力,提高高校举办者的办学热情和活力。这对于民办高校来说是一种里程碑式的进步,但是毕竟是刚刚将民办高校办学划分为"营利"与"非营利"两种发展方向,如何维护民办高校的双向发展仍处于起步阶段,高校本身还要面对和解决很多已知和未知的问题。另外,与民办高校蓬勃发展的"收益权"权能改革不同的是,公立高校的"收益权"行使相对单一,现有的收益权分配模式所起到的激励作用并不明显。

1. 民办高校"营利"与"非营利"分类发展处在起步阶段

原有的《民办教育促进法》中对于民办教育的规范是"不以营利为目的",虽然民办高校投资者在高校建设的过程中也有一定的收益,但是多数收益要继续投资到学校发展建设之中，而想要通过实际投资获得属于投资者的收益则需要通过其他形式获得，民办高校投资者寻找获益渠道的时间实际上是一种办学精力的分散，并不利于高校的长远发展。修改后的《民办教育促进法》提出了建立"营利"与"非营利"两个发展方向的民办高校，实际上是满足了具有投资需求的民办高校投资者的收益需求，确保民办高校投资者有机会合理、合法地获得办学收益，以"所有权"权利主体的身份同时成为"收益权"的权利主体，并且行使实际权力。同时也并没有忽略民办高校中非投资性质的学校，对于以捐赠等形式筹资形成的"非营利性"民办高校，国家会给予一定的政策优惠，从而促进具有不同发展需求的民办高校都能找到适合自身发展的发展路径。但是，这种分类发展的形式尚处于起步阶段，对于未来的发展还有很多的不确定性。"营利"和"非营利"是民办高校举办者自行选择的，虽然对于不同类别的民办高校国家拥有既定的监管标准，但是如何避免"非营利性"民办高校的举办者利用法律的漏洞来迎合优惠政策实际营利获取收益，是新形势下民办高校分类发展中不能忽视的一个问题。另外对于"营利性"民办高校的营利模式和利益分配，需要怎样一个合理的规范是另外一个问题。总之，无论是"营利性"还是"非营利性"民办高校的发展都是在新的"收益权"划分趋势中出现的新发展方向，两类发展方向可以满足不同的投资需求，只是处于起步阶段定会出现许多新的问题，民办高校中"收益权"权能中的权利主体与实际权利的组合还在不断调整之中，仍需要得到更多关注。

2. 公立高校"收益权"的激励效果不显著

公立高校的投资者主要是国家，国家的财政投入主要是为了确保高等学校的"公益性"属性，并促进高等学校的可持续发展，因此公立高校获得的收益自然也要用于高校的可持续发展，由高校统一支配。这样的逻辑在理论上是成立的，公立高校的投入是国家的财政支出，并未占有高校中实际工作者的个人投入，那么工作者做好本职工作促进学校的发展而获取国家支付的个人工资也是理所当然的事情，因此公立高校的发展应该是充满活力的。但是现实中存在的影响因素并不是理论推论中的那么简单，虽然说高校工作者本身并没有对于高校的发展进行直接投入，但是他们每日的工作都是一种实质上的付出，如果这种付出所获得的回报只是传统意义上的工资收入，那么他们的工作热情只要保证恰好保持完成自己的工作就可以了，很难调动他们发挥自身的潜力来为高校的发展付出更多的努力，这实际上就是缺乏"收益权"的激励作用。高校的教育资源作为稀缺资源，除了要在满足其"公益性"的基本属性进行分配之外，也需要保值和增值，而保值、增值归根到底是高校的每一个工作者共同努力的结果。不同的高校职能部门在高校发展过程中承担着不同的责任，贡献着不同的力量，高校获得的合理收益很大一部分都是依赖于每一个工作者的努力。但是，公立高校对于"收益权"的划分多是直接由"所有权"的权利主体——国家直接作为"收益权"的权利主体行使收益权，将高校收入用于高校的整体发展。这在一定程度上就降低了公立高校中"收益权"对高校工作者的激励作用，虽然说公立高校的可持续发展是对高校工作者的另外一种肯定，但是这相比于让工作者直接感受到"收益权"与自己具有切身的相关性是不一样的。如果让真正参与学校建设的工作者感受不到"收益权"的实际存在，实际上就是另一种程度上降低了"收益权"的激励作用，不利于调动工作者的积极性，进而影响高校的整体发展水平。

第五节　中国高校产权制度变迁绩效的影响因素

我国幅员辽阔、疆域跨度大，各个地区的发展都有着自身特色，并且存在着不同的经济、文化发展环境，与之相对应的政策影响也各不相同，这些独特的地区差异对我国各地区间高校产权制度变迁产生了各种不同的影响。我国高校的发展既要接受国家的统一监管与引导，也要根据高校所在地区的经济、政治、文化环境进行适合本地区发展的产权结构调整。而且不同的产权结构调整对办学质量的影响，实际上体现了地区间高校产权制度变迁的整体绩效。因此，对我国各地区间高校产权制度变迁进行整体比较分析就很有必要。"七五"期间国家提出三大战略经济地带划分框架，按照经济发展的不平衡性进行划分，将我国划分成为了东、中、西部三大经济地带①。我们主要选择了三大经济带中具有代表性的省、区、市共十个（广东省、浙江省、辽宁省、北京市、上海市、河南省、黑龙江省、云南省、青海省、新疆维吾尔自治区）来进行高校产权制度变迁相关的比较研究，通过对国家统计局网站和教育部网站上的具体数据来分析经济发展水平、高校教育经费的多元来源、政策引领对高校产权制度变迁带来的不同影响，并进一步分析地区间高校产权制度变迁对办学质量产生的不同影响，以利于得出我国高校产权制度变迁的具体路径。

一、经济发展水平与高校数量之间的相关关系

无论是高校的整体发展，还是高校产权自身结构的发展与变革，都离不开经济的支持，经济发展程度会直接影响到高校产权制度变迁的发展方向与重组水平。我国东、中、西部地区经济发展存在较为显著的差异，由东向西部地区的经济发展水平是不断降低的，西部地区的经济水平在我国是相对落后的，从地区经济生产总值与高校数量的对应发展趋势可以发现，我国高校产权制度变迁面临着不同的发展环境，在高校产权制度变迁过程中需要避免"一刀切"的改革模式出现。一个地区的高等学校数量多少，在一定程度上决定着该地区可以提供的高等教育能力强弱，高校数量越多越能够为更多人提供接受高等教育的机会，也更有利于为高校所在地提供更多的先进技术和科研成果，对于地区的整体发展会起到利好作用。而对于高校数量多少的直接影响因素就是地区的经济发展水平。一方面，经济越发达的地区越需要人才的支持，高校是高等人才培养的摇篮，为了提供更多高质量人才，高校的发展自然会得

①　卞祖武：《地带经济间流量核算初探》，载《上海统计》1999 年第 6 期，第 16 ~ 19 页。

到提高；另一方面，经济发达地区会有更多的人口流入，随着经济的不断发展，人口数量也在不断增长，因此本地区对于高等教育的需求量也会随之增大，为了满足这种对高等教育的需求，经济发达地区也会更加重视高等学校的发展。当前，我国各地区经济发展水平与高校数量之间整体上存在着正相关的相关关系，如图 4-4 所示。

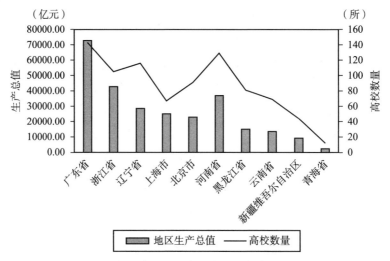

图 4-4　2015 年十省、区、市生产总值与高校数量综合比较

注：图中数据来自国家统计局网站。

由图 4-4 中可以明显地看出，2015 年各地区高校数量的变化与该地区生产总值的变化趋势是基本一致的，东、中部地区的高校数量要明显高于西部地区，而且数量差距较大，这与地区间的经济发展水平的发展趋势也是较为相仿。由此可见，各地区的经济发展水平对于该地区高校发展来说具有重要影响，在进行高校产权制度变迁的过程中一定要考虑到不同地区的经济发展水平，采用不同的重组方式进行高校产权制度安排调整。

二、多元教育经费来源的比较分析

高校的发展离不开资金的筹备，当前高校产权制度安排正在不断的调整与重新组合，教育经费的来源已经不再单纯地局限于国家的财政支出，开始向多元化方向发展，主要包括国家财政性教育经费、民办高校办学经费、社会捐赠办学经费、教育经费事业收入和教育经费学杂费收入五个方面。在这五个教育经费的来源来看，各个地区的教育经费来源都包含这五个方面，但是具体的经费数量又各不相同，存在一定的差异。面对教育经费来源在地区间存在的差异，以及各地区间教育经费来源存在的共性，需要通过具体的比较分析来为我国高校产权制度变迁厘清更为有效的发展方向。通过数据的查找与整理，本书选择对十省、区、市 2014 年的教育经费来源进行比较分析。

（一）国家财政性教育经费是各地高校教育经费的主要来源

高校产权的核心权能是"所有权"，所有权的确定主要是根据高校投资来源与财产归属进行划分。高校的存在与发展除了学校的土地、建筑等固定资产之外，还需要充足的资金来满足日常的运营与发展，这就需要充足的教育经费来作为支撑。虽然说我国高校发展的过程中，教育经费的来源已经朝向多元化方向发展，"所有权"权利主体也随之走向多元化，但是此种"多元化"发展仍是建立在国家财政性教育经费占据主导地位的基础之上，无论是哪一个地区都尚处于此种状态之下。对国家统计局网站上东、中、西三个经济带的十个省、区、市 2014 年的教育经费数据进行整理后，得到 2014 年十省、区、市教育经费情况统计，如图 4 - 5 所示。

从图 4 - 5 中可以看出十个地区的教育经费情况差距是很明显的，广东省的教育经费量要远远高于其他省份，对其他九个地区的教育经费情况依次排名，分别是河南省、浙江省、北京市、上海市、云南省、辽宁省、新疆维吾尔自治区、黑龙江省和青海省。如此大的教育经费差异主要来自哪里？教育经费的组成是多元的，会不会是多元的教育经费来源组合导致了整体教育经费出现数量上的差异？我们带着疑问对每个省份的五个教育经费来源带来的教育经费数量进行了系统的数据分析，通过对数据进行整理与分析之后发现，影响教育经费数量差异的核心仍旧是国家财政性教育经费。为了更直观地进行比较，通过对2014年十省、区、市国家财政性教育经费情况的相关数据进行整理，形成统计如图4-6所示。

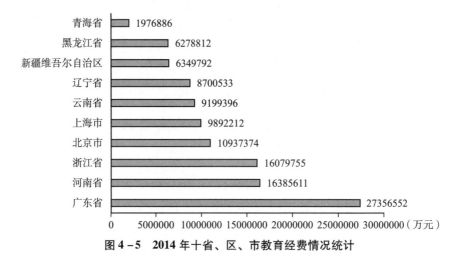

图4-5 2014年十省、区、市教育经费情况统计

注：图中数据来自国家统计局网站。

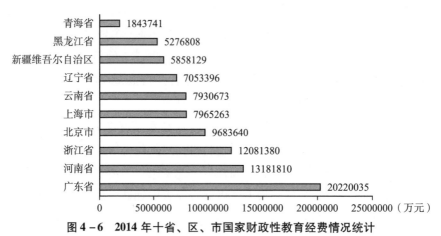

图4-6 2014年十省、区、市国家财政性教育经费情况统计

注：图中数据来自国家统计局网站。

通过对图 4 - 5 和图 4 - 6 的比较分析，可以清楚地发现 2014 年十省、区、市的教育经费情况与国家财政性教育经费情况的走势和排名顺序是完全一致的，而且从具体的数值来看也是国家财政性教育经费与教育经费对应的数值相差甚小。例如，2014 年广东省的教育经费为 27356552 万元，与之对应的国家财政性教育经费为 20220035 万元，国家财政性教育经费占教育经费的 73.91%。而青海省的教育经费为 1976886 万元，与之对应的国家财政性教育经费为 1843741 万元，国家财政性教育经费占教育经费的 93.26%。由此可见，无论是教育经费多的省份，还是教育经费偏少的省份，从其教育经费数量与国家财政性教育经费的数量来看，都是以国家财政性教育经费为教育经费的主要来源，实际上我国各个地区仍是以国家财政性教育经费投入来支撑高校的整体发展，也能推论出国家仍是各地区高校"所有权"权利主体的主导。

（二）民办高校办学经费在各地总教育经费中所占比例过小

民办高校办学经费是指民办学校中举办者投入，通过对数据的整理发现，我国各省、市、区的民办高校办学经费在各地教育经费中所占比例过小。民办高校的发展目前已经得到了一定的支持，国家对于民办学校的发展、多渠道筹备高等教育资金等的重视程度在不断得到提升。但是，由于相关政策法规尚不健全，民办高校的发展还受到很多的阻碍，很多有意于投资民办教育的企业、组织和个人也处于观望的状态，这对于民办高校的长远发展是不利的，对于我国高校的整体发展也并无好处。事实上，国家对此问题的重视程度已经不断增加。通过对各地区 2009 ~ 2014 年的民办高校办学经费的数量变化数据（如表 4 - 2 所示），就可以看到各地区的民办高校办学经费整体上还是朝着逐渐增加的趋势发展，虽然在不同年份仍有一定的浮动，但是个别浮动并不影响整体发展趋势。

即使与高校教育经费做比较后，仍然可以发现民办高校办学经费所占比例实在太小，难以发挥其应有的作用。首先，从民办高校办学经费的具体数量来看，可以发现多数地区的民办高校办学经费都较为缺乏，如图 4 - 7 所示。从 2014 年十省、区、市民办高校办学经费统计图 4 - 7

中可以看出，除了广东省、河南省、浙江省的民办高校办学经费相对较多之外，其他省、区、市的民办高校办学经费都少之又少。

表 4 - 2　　　　2009 ~ 2014 年十省、区、市民办高校办学经费统计　　单位：万元

地区	2014 年	2013 年	2011 年	2010 年	2009 年
广东省	249031	319136	174940	216728	140275
河南省	160146	199298	131298	99621	59991
浙江省	80627	35855	20810	33772	10892
云南省	36157	33144	18172	17631	17428
辽宁省	30073	19214	30860	40605	20242
北京市	10529	3384	2894	6529	5208
黑龙江省	6359	2380	2843	17051	8576
上海市	2322	735	5215	7583	4592
青海省	2057	3819	1338	1485	697
新疆维吾尔自治区	2054	1413	1611	2266	898

注：表中数据来自国家统计局网站，2012 年数据缺失。

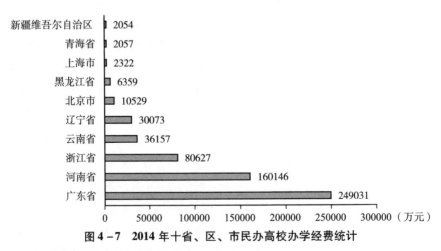

图 4 - 7　2014 年十省、区、市民办高校办学经费统计

注：图中数据来自国家统计局网站。

其次，即使是民办高校办学经费相对较多的广东省，其民办高校办学经费也只有249031万元，仅为广东省高校教育经费27356552万元的0.91%。而对于十个省、区、市的民办高校办学经费与各地区高校总体教育经费进行比较之后，得到的数据如表4－3所示。从2014年十省、区、市民办教育经费在地区总教育经费中占比统计表中可以看出，十个地区民办教育经费占比均没有超过1%。虽然说民办教育办学经费只是民办高校办学经费来源的组成之一，但是也能在一定程度上体现出民办教育的发展还有很大的上升空间，更能证明当前民办高校办学经费所占比例过小，需要通过高校产权制度变迁促进教育经费结构调整，以利于提升高校整体的办学活力和竞争力。

表4－3　　　2014年十省、区、市民办教育经费在地区总教育经费中占比统计

地区	民办高校办学经费（万元）	教育经费（万元）	民办教育经费占比（%）
河南省	160146	16385611	0.98
广东省	249031	27356552	0.91
浙江省	80627	16079755	0.50
云南省	36157	9199396	0.39
辽宁省	30073	8700533	0.35
青海省	2057	1976886	0.10
黑龙江省	6359	6278812	0.10
北京市	10529	10937374	0.10
新疆维吾尔自治区	2054	6349792	0.03
上海市	2322	9892212	0.02

注：表中数据来自国家统计局网站，民办教育经费占比通过计算得出。

（三）社会捐赠办学经费数量差异性较大

高校经费中的社会捐赠办学经费的数量实际上基本属于纯公益性的教育投资。社会捐赠办学经费不会涉及"收益权"的相关分配组合问

题，社会捐赠是对高校办学进行的纯公益的经济支持，如果社会捐赠办学经费在使用的过程中获得了收益，其收益部分会投入到高等教育的可持续发展之中，这也决定了社会捐赠办学经费是教育经费来源之中最为简单而且不具有绝对规律可循的教育经费来源。通过对 2014 年十省、区、市的社会捐赠办学经费数据进行整理与分析，可以得到明晰的统计，如图 4 – 8 所示。从图 4 – 8 中可以看出广东省、浙江省、新疆维吾尔自治区和云南省的社会捐赠办学经费较多，辽宁省、黑龙江省和青海省的社会捐赠办学经费较少，这显然与地区的经济发展水平和高校的在校生数量没有关系，各省捐赠经费多少都有着不同的原因。另外，社会捐赠经费数量都相对较少，对于高校产权制度安排的影响也相对较小，由此可以推论出社会捐赠办学经费并不是高校产权制度变迁中的重要影响因素，但仍具有促进筹资多元化的作用。

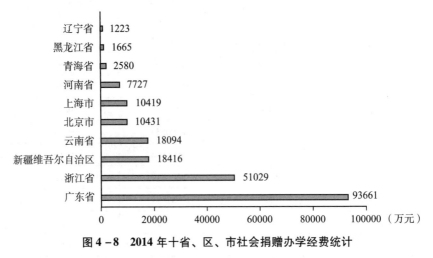

图 4 – 8　2014 年十省、区、市社会捐赠办学经费统计

注：图中数据来自国家统计局网站。

（四）教育经费事业性收入与地区生产总值之间成正相关关系

教育经费事业性收入是指高等学校开展教学、科研及其辅助活动依法取得的经费收入。教育经费事业性收入既是高校教育经费来源的重要组成部分，也是高校的一种实际收益。为了更加深入地了解各地区高校教育经费事业收入的数量差异，我们将 2014 年十省、区、市教育经费事业收入的数据整理得到统计，如图 4-9 所示。从图中的数据分布情况可以发现，广东省的教育经费事业收入在十个地区中居于首位，而青海省则处于十个地区的末位，这种数据分布状态与地区生产总值的分布具有一定的相关性。

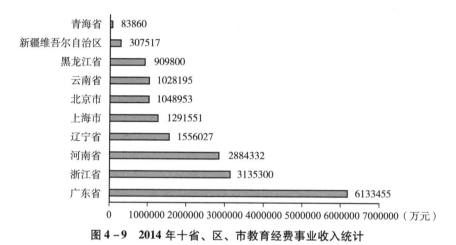

图 4-9 2014 年十省、区、市教育经费事业收入统计

注：图中数据来自国家统计局网站。

为了进一步证明教育经费事业收入与地区生产总值之间是否存在相关关系，我们运用统计软件对两组数据的相关性进行了进一步的分析，并得到 2014 年十省、区、市高校教育经费事业收入与地区生产总值的比较图，如图 4-10 所示。

从图 4-10 中可以看出教育经费事业收入与地区生产总值之间存在着正相关关系，生产总值越高的地区，其高校教育经费事业收入也越高。而地区生产总值与高校的数量也呈正相关关系，由此也可以推论出高校事业收入与高校数量之间也存在正相关关系。因为高校教育经费事业收入本就是教学、科研及其辅助活动依法取得的经费收入，这些收入多数都是用来再次投入到高校的建设之中。这样看来，经济越发达的地区，其事业收入越高，顺势投入到高校中的资金也会越多，学校的发展越具有资金优势，而经济相对落后的地区，事业收入也相对较少，再次投入到高校之中也是落后于经济发达地区，循环往复更为弱势。所以，面对这样的一个整体状态，在现有的高校产权制度安排之中，越是落后的地区，国家越会通过政策支持、财政补贴的形式来帮助经济落后地区的高校发展。但是随之而来的另一个问题是，过多的国家帮助虽然会对经济落后地区的高校发展起到扶持作用，但是高校很容易依赖国家的政策支持与财政补贴，而难以调动起高校自身发展的积极性，也容易产生对高校发展的过多束缚，因此并不能达到真正的帮扶作用。所以，为了解决经济发达地区和经济落后地区高校向两个极端方向发展，可以对教育经费事业收入与地区生产总值之间的关系进行比较分析，从中看出我国高校产权制度安排在重组过程中需要整体朝向多元化方向发展。

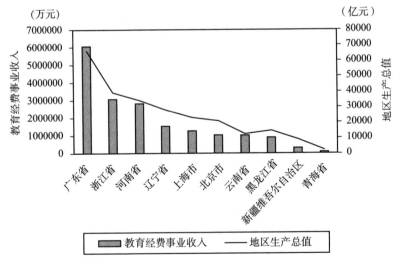

图 4-10　2014 年十省、区、市高校教育经费事业收入与地区生产总值的比较

注：图中数据来自国家统计局网站。

（五）地区间教育经费学杂费收入比较

教育经费学杂费收入是指高校学生缴纳的学费，是高校教育经费的来源之一。高等教育阶段已经不属于义务教育，高校学生在享受教育服务的同时需要向学校缴纳一定的费用，用以维持学校的正常运行。不同地区高校学生缴纳学费往往都遵循一定的规定，基本能够保持稳定，但是由于地区学校数量的不同、学生人数不同、地区经济发展水平不同等因素的影响，各地区的教育经费学杂费收入的总数也存在较大差异。根据国家统计局数据制作出 2014 年十省、区、市教育经费学杂费收入统计，如图 4 - 11 所示。

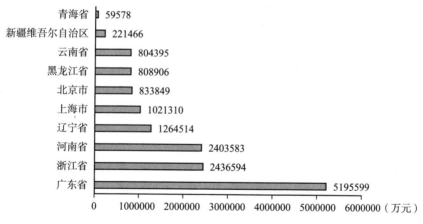

图 4 - 11 2014 年十省、区、市教育经费学杂费收入统计

注：图中数据来自国家统计局网站。

从图 4 - 11 中可以看出广东省、浙江省、河南省的学杂费收入普遍偏高，其中广东省的学杂费收入达到其他省、区、市的 2~3 倍，三个地区的高校数量和在校生数量都比较多，而且广东省和浙江省的经济发展水平都比较高，这些都是三个地区学杂费收入总数高的重要原因。而除了新疆维吾尔自治区和青海省这两个高校数量相对较少的地区之外，其他几个地区的学杂费收入的数量趋于一致。由此可见，学杂费收入的数量受影响的因素较少，并且数量基本趋于稳定，这与国家对学杂费的标准有着统一的监管存在直接关系。同时，从学杂费收入的稳定发展趋势可以看出其发展变化的可能性不大。学杂费虽然是高等教育经费的来源之一，但是也是维持高等教育"公益性"的重要条件之一，学杂费要在高校产权制度安排之中保持"公益性"性质，其使用权要归于高校产权中"所有权"的权利主体，用于高校的可持续发展，而不能对其用途进行随意改变。

三、政策引领对地区间高校产权制度变迁的不同影响

在分析教育经费事业性收入的部分曾提到，对于不同地区经济发展水平的差异，为了保障各地区的高校均能很好的发展，往往需要通过政策支持和财政补贴的形式对高校发展进行扶持。国家政策的引领是我国高校发展的重要影响因素之一，因为我国高校产权制度安排目前还是以国家为主要的"所有权"权利主体，并且同时行使高校产权权利束下的多项主要权利，国家财政经费投入的多少以及优惠政策的制定都会影响到各地区高校的发展。但是，国家在通过政策引领来力求达到教育公平的同时，一定要综合考虑接受利好政策扶持的高校如何高效地接受政策引领、提升办学效率，并且要时刻警惕政策引领的高校产权制度安排组合产生新的"不公平"问题。例如，2013 年教育部、国家发展改革委、财政部联合印发了《中西部高等教育振兴计划(2012—2020 年)》的通知，通知中指出："实施中西部高等教育振兴计划，要以科学发展观为指导，服务国家发展战略，适应中西部经济社会发展需要，整合中央和地方政策资源，发挥中西部地方政府和高校的积极性、主动性和创造性，努力提高办学质量和水平。"国家力求通过教育政策、财政政策的扶持来提高中西部地区高等教育的质量，那么在政策引导下各地区的教育经费水平是否受到影响呢？通过对 2014 年十省、区、市在校生人均教育经费情况进行计算，得出统计如表 4 – 4 所示。

从表中可以看出，新疆维吾尔自治区和青海省的人均教育经费远远高于其他地区，对于地区经济相对落后的西部地区，其教育经费的突出偏高一定离不开国家的直接支持。这在一定程度上验证了政策支持的有利性，但是河南省、辽宁省、黑龙江省这样的教育大省的人均教育经费相比之下又实在太少，从另一方面来看对于这些地区的高校来说，其发展会更加艰难。

表4-4 2014年十省、区、市在校生人均教育经费统计

地区	教育经费 （万元）	在校生数 （万人）	人均教育经费 （元）
新疆维吾尔自治区	6349792	15.51	409400
青海省	1976886	5.29	373702
上海市	9892212	50.66	195267
北京市	10937374	60.46	180903
浙江省	16079755	97.82	164381
云南省	9199396	57.7	159435
广东省	27356552	179.42	152472
河南省	16385611	167.97	97551
辽宁省	8700533	99.83	87153
黑龙江省	6278812	73.06	85940

注：表中数据来自国家统计局网站。

为了进一步验证各地区高校人均教育经费的差距是否与国家的政策支持有直接的关系，通过对2014年各地区高等教育国家财政性教育经费和在校生人数的数据整理、计算，得出人均财政性教育经费的数据如表4-5所示。

表4－5　　　2014 年十省、区、市在校生人均财政性教育经费统计

地区	国家财政性教育经费 （万元）	在校生数 （万人）	人均财政性教育经费 （元）
新疆维吾尔自治区	5858129	15. 51	377700
青海省	1843741	5. 29	348533
北京市	9683640	60. 46	160166
上海市	7965263	50. 66	157230
云南省	7930673	57. 7	137447
浙江省	12081380	97. 82	123506
广东省	20220035	179. 42	112697
河南省	13181810	167. 97	78477
黑龙江省	5276808	73. 06	72226
辽宁省	7053396	99. 83	70654

注：表中数据来自国家统计局网站。

从表4－5 的数据中可以看出，人均财政性教育经费的数量仍是新疆维吾尔自治区和青海省远高于其他地区，而河南省、黑龙江省和辽宁省的人均财政性教育经费数量相对低了很多。各地区间人均财政性教育经费数量与人均教育经费数量基本保持一致，进一步验证了国家政策对于高校产权制度安排的影响，东部地区经济较为发达，国家政策的财政安排相对稳定；西部地区经济较为落后，国家政策支持较多；中部地区经济相对东部地区来说也不是特别发达，但是人口又相对众多，高校在校生人数要远大于西部地区，所以尽管有政策支持，平均到每个人身上也相对较少，单纯的财政政策支持会给国家带来更多的财政压力，但是未必能真正地促进地区间高等教育公平发展。因此在高校产权制度变迁的过程中，要改变由国家作为高校产权"所有权"主要权利主体的整体现状，高质量地推行"所有权"权利主体向多元化方向发展，对于不同地区可以推出不同的办学优惠政策来引领民办高校和民间资本投入到高校办学之中，从根本上促进高校经费筹措的途径，并

随之提高高校教育经费的使用效率，而不能让学校过于依赖财政补贴和政策优惠。

四、地区间办学质量的不同对高校产权制度变迁的不同影响

全面提升高校的办学质量是高校产权制度变迁的终极目标，而我国各地区在高校产权制度变迁过程中，需要结合不同地区的高校办学质量来进行有针对性的调整。对于高校的办学质量，主要可以通过对各地区高水平高校的数量进行比较分析，从而判断不同地区高校办学质量的差异。以往高校的发展多是按照"985""211"高校的数量进行衡量，因此本书选择对 2014 年十省、区、市"985""211"院校数量进行统计，得出统计如表 4 - 6 所示。从表中可以看出，北京、上海两个直辖市的"985""211"院校数量远高于其他省份，其他多个省份只有 1～2 所这样的重点院校。虽然说重点高校的确立受到多种因素的影响，但是重点院校享受着普通院校所没有的各种资源支持，高校办学质量远高于普通高校，而对于普通高校来说想提升自己的办学质量就要付出更多的努力，但也未必能够达到较高的水平。这就需要高校在产权结构重组过程中意识到这一地区差异，通过高校产权制度变迁来促进高校办学质量的整体提高。

表 4 - 6　　　2014 年十省、区、市"985""211"院校数量统计　　　单位：所

省份	"985" 院校	"211" 院校	总计
北京	9	27	36
上海	4	10	14
辽宁	2	4	6
广东	2	4	6
黑龙江	1	4	5
新疆	0	2	2

续表

省份	"985"院校	"211"院校	总计
浙江	1	1	2
河南	0	1	1
云南	0	1	1
青海	0	1	1

注：表中数据来自教育部网站。

对于以往的"985""211"院校数量的统计，展现出的办学质量分布情况是 2014 年之前的状态，那么在当前"双一流"高校建设的热潮中，对于高校办学质量的影响是否有别于曾经的分布模式呢？可以从表 4-7 中找到答案。

表 4-7　　2017 年十省、区、市"双一流"高校数量统计　　单位：所

省份	一流大学建设高校		一流学科建设高校	总计
	A 类	B 类		
北京	8	0	24	32
上海	4	0	10	14
辽宁	1	1	2	4
广东	2	0	3	5
黑龙江	1	0	3	4
新疆	0	1	1	2
浙江	1	0	2	3
河南	0	1	1	2
云南	0	1	0	1
青海	0	0	1	1

注：表中数据来自教育部网站。

由表 4-7 可以看出，2017 年公布的"双一流"高校名单中，十

省、区、市的分布情况与曾经的"985""211"高校分布情况是较为一致的，仍旧是北京、上海两个直辖市的"双一流"高校数量明显多于其他省份。如此的地域性办学质量差异，更容易出现人才分布不均，高校办学质量地域差异大等问题。而这种状态出现的根本原因实际上就是主流学校仍以公立高校为主，公立高校的高校产权"所有权"权利主体主要为国家，国家对于高校发展实际具有掌控的作用，使得高等教育资源这一稀缺资源难以做到更加公平、合理的分配。很多省份作为教育大省，拥有众多的高校，但是高校的办学质量却参差不齐，这在深层次上来说急需高校产权制度安排进行重组调整，尤其是对高校"所有权"权能的调整，促进"所有权"权利主体向多元化方向发展，通过竞争来提升高校财产"使用权"的权利效率，充分发挥"收益权"的激励作用将会更利于高校办学质量的整体提高。

五、小结

通过对我国各地区间高校产权制度变迁的整体情况进行比较，可以清楚地发现当前我国高校产权制度安排主要还是要围绕"所有权"权能结构进行调整。因为"所有权"是高校产权的核心权能，其他权能都是围绕"所有权"加以展开的，但是同时也要更加重视"使用权"和"收益权"两项权能的重要作用。我国的政治、经济、社会、文化环境决定了现有的以"公立高校"占主体的高校发展模式，各地区高校的发展对于国家的依赖程度都较为巨大，这一方面会加剧国家财政的压力，另一方面也不利于提升高校发展的竞争性，难以调动高校自身发展的积极性，对于高校发展的灵活性有一定的影响。国家虽然一直在想办法解决高等教育公平问题，通过国家强有力的政策支持不断进行协调，但是面对各地不同的经济发展水平与高校发展现状，往往难以达到理想状态。这实际上就更需要高校发展适应国家市场经济发展的整体趋势，在完善国家教育监管体系的基础上引入市场机制和竞争机制，让更多的社会投资加入到高等学校建设之中，促进高校产权"所有权"权利主体向多元化方向发展，在整体上提升各项权能的权利效率，也需要进一步提升高等教育稀缺资源的配置效率。

第六节　中国高校产权制度绩效优化的关键点

中国高校产权制度绩效优化的关键之处在于对高校产权责任主体的明晰。在新制度经济学中，产权明晰是这样界定的：产权归属主体的明确和财产权内容的明确，以及权能量度、范围的界定。因为中国公立高校的产权结构完全是一种国家所有的产权模式，政府既是高等教育资源的配置者，又是高等教育资源的管理者，严重制约着高校面向社会办学的积极性。为提高中国高校产权制度的绩效，可以从以下两个方面明晰高校产权制度：其一是在高校投资主体多元化的情况下，根据谁投资谁拥有的原则厘清高校财产的所有权归属；其二就是划分出资人产权与高校法人财产权。在此，要特别纠正一种错误认识：把产权明晰错误地理解为以个人取代国有、高等教育私有化，彻底混淆了"以实现产权明晰为目标所涵盖的全部内容与实现产权明晰其中一种途径"。

为什么说产权责任主体明晰是中国高校产权制度绩效优化的关键点呢？原因有以下几点：首先，高校产权权能的明晰可以解决外部性或权利模糊产生的低效率问题。因为高校产权主体彼此之间责、权、利不清晰、不明确，包括国家与高校之间、高校与教师之间、高校与投资者之间、教师与学生之间、不同教师之间、不同投资者之间、不同学生之间等。高校产权制度安排不同，使得高校产权制度效率也会不同。高校产权制度绩效提高以产权的清晰界定为前提，很大程度上受到产权清晰的促进和制约，减少交易费用才能提升高等资源配置的效率。高校产权明晰实现了高校责任与权利的相互对等，通过对等地划分责任与权利，建立起一套富有内生动力的制度体系，进而提高高等教育资源配置的效率，将在减少高等教育的供求矛盾的同时增加高等教育的供给。其次，高校产权权能明晰才能在面对不确定事件时实现最终控制权和剩余索取权的合一。在市场经济条件下，界定和明晰产权可以解决外部性或权利界定不清产生的低效率问题，但产权的界定也不是无成本的。因为合同或契约也总是不十分完备的，有时也不可能预知所有的后果。谈到最终控制权就涉及谁有权力在不能被证实的，没有被描述的，没有预料到的行为与事件中，处置和使用合同没有涉及的资产。如果说在不完全合同下，剩余索取权索取的是剩余利益，那么，参照剩余索取权，最终控制权指的是当企业契约中没有被特殊注明的问题出现后的决策权。实践已经证明，最终控制权与剩余索取权合一的重要性。只有将这二者统一于同一个产权主体，才能实现权和利的统一，才能使决策者从经济人角度出发，作出最具理性的决策。换言之，高校的决策者的自利动机会迫使他们最大限度地做出有利的决策，从而使高等教育资源配置更加有效率。最后，高校产权权能明晰可以使稀缺的高等教育资源得到最有效的利用。毋庸置疑，高等教育资源是稀缺的资源。对此，一方面需要提高它的资源配置效率，实现资源的最优配置；另一方面，稀缺的高等教育资源还存在浪费的问题，如何提高高等教育资源的利用效率，也是我们在对高校产权问题进行研究时必须要思考的一个问题。高校产权权能明晰后，各高校产权主体责、权、利实现了统一。作为理性人，将浪费的高等教育资源有效利用起来就成为一种必然。同时，高校产权各权能的分离和重组，将会打破高等教育资源浪费的均衡状态，在一个更优的、资源利用效率更高的状态上实现均衡。高校产权各权能的分离，特别是公立高校，实际上是高校产权各权能分工到各产权主体的过程中。亚当·斯密认为，分工促进了经济增长，高校产权各权能的分工，将会实现更合适的人、财、物配置到更适合的地方，实现人、财、物的更优组合，使原来被浪费的和利用率不高的高等教育资源得到更充分的利用。

设备闲置问题，看来已成高校难治之症。早在 20 世纪 90 年代末，有关部门的一项调查显示，上海高校共有价值 5 万元以上的精密仪器约3000 台，总价值接近 6 亿元。但在这些精密仪器中，全年使用时间超过 1600 小时的只占 4%，使用时间在 400 ~ 1600 小时之间的约占 18%，使用时间在 1～400 小时的占 16%，而全年使用率为零的占了 62%。2005 年，审计署驻上海特派办在对世界银行贷款科技发展项目进行终期审计时发现，一些国家工程研究中心（主要集中在高校和科研机构）普遍存在利用世界银行贷款购置设备（包括软件）闲置或使用效率低的问题。据统计，这些用世界银行贷款购置的闲置或使用效率低的设备价值折合人民币 5600 多万元，占其实际利用外资金额的 23% 多。而据厦门日报 2009 年 6 月的报道，厦门工商旅游学校 2009 年初花 400 多万元购买一架准备用于空乘专业学生的教学高仿真波音飞机，集美大学诚毅学院则引进了一艘 1000 多万元的"模拟船"用于教学，记者对两校花巨额购买的教学设备使用情况进行调查发现，因为"种种问题"，厦门工商旅游学校的"飞机"自第一次与公众见面后便一直闲置在校园操场；而"模拟船"除了设备本身昂贵外，连上一次课，开启设备也要花掉上千元。

——上海交通大学教授熊丙奇

我到南方一个大学城参观，建筑面积 50 万平方米，国家拨款 30 亿元、银行贷款 30 亿元，共 60 亿元的投资，算下来是每个学生人均 55 平方米，毕业后住地下室，怎么适应社会？我看那里全是中央空调，就业之后怎么办？这是对国家经费的严重浪费。公办大学管理是难题，没有人去管。我当时问那个校长，你贷的款怎么还？他说还款不是我的事儿，我是为国家办教育，还款应该是国家的事。这种观点就不对，公办大学就该受到监督，应该公开透明，而不是完全封闭一所高校里，外界都不清楚。否则也不会出现大学一个招办主任严重受贿这种事儿。我跟国内一所著名大学有合作，这所大学的人跟我讲，他们买一个 6000 万的设备，放了五年都没动，没拆过包。这是一种严重的浪费。说白了，这些实验室应该开放，就你这几个人用，别人不能用，这也是一种资源浪费。哪怕你让他有偿使用，没有必要重复购置。所以我觉得中国最主要的还是缺少顶层设计，头疼医头脚疼医脚。

——全国政协委员、全联民办教育出资者商会会长张杰庭

　　以我自身举个例子，我是复旦大学图书馆馆长，前几年复旦大学新校区建了图书馆，我办公室的桌子是大理石的，有人就批评我建设得太奢侈浪费。我就很委屈，因为图书馆的建设跟我没有关系，我做不了主。我也跑去问副校长，结果副校长也说做不了主，因为经费不是由学校出的。我作为馆长，如果我有决定权，我用的桌子肯定是木头的，既温馨又舒服，酒店才喜欢用大理石。要改变大学经费运行中出现的问题，首先得职责明确，权责清晰。

　　　　　　　　　　——全国政协委员、复旦大学图书馆馆长葛剑雄

第五章

发达国家高校产权制度
变迁与创新的启示

近半个世纪以来，高校产权改革之风席卷了全世界，特别是发达国家高校产权制度改革尤其引人注目。其中以市场本位改革，范围最为广泛，影响也最大。对于市场本位改革，许多人用各种不一样的方式来描述：高等教育私营化、高等教育商品化、高等教育市场化、高等教育民营化、高等教育产业化、以市场为基础的高等教育……虽然说法不同，但都阐述了一个统一的理念：在高等教育领域中应该引进竞争机制，高等教育不应由国家完全控制。竞争机制不仅存在于公立和民办高校之间，还存在于各个公立高校之间、各个民办高校之间。在这些称谓中，"市场化"最能表达这种改革潮流的信念，因为市场的核心机制是竞争机制。

第一节　美国高校产权制度的变革

美国是一个公立高校占主导的国家。美国高等教育系统就宛如一个构造庞杂、功能迥异、竞争激烈的庞大市场。自主决策、公平竞争、市场开放是美国高等教育市场的重要特征，也是促进高等教育系统不断发展和完善的不竭动力。美国是实行市场经济的代表国家，经济活动主要依靠市场供给和需求来自发调整。高等教育的发展也充分体现出市场在高等教育资源配置中的调节主体作用。市场的供求在美国高校的招生、就业、学科的设立和专业的发展等方面都起着至关重要的作用。这种系统完全由可称为"社会选择"的无组织的决策所左右，是与统一的官僚系统相对立的另一极端。"竞争"一直是美国高等教育的特点，在生源和财政经费两个重要的方面，所有的公立高校、民办高校都需要激烈的竞争。

一、美国高校产权制度改革的背景

美国早已是一个"拥有发展完善的高等教育市场"的国家。随着20世纪60年代追求"平等"的高等教育改革被70年代追求"卓越"的高等教育改革所取代，市场的触角便开始伸入了公立高校。同时，营利教育也开始在美国悄然出现。这里所说的营利教育、营利高校与传统意义上的私立高校或教会学校有所区别，它是指公立高校和它的高等教育由营利性的私营企业管理。其他公立高校学生所享受的待遇，在这些高校中，学生也可享受到。这种新的高校管理模式，被称为公立高校私营管理，主要出现在美国20世纪90年代的高等教育产权制度改革中。事实上，除了以上营利企业来管理公立高校的情况外，营利企业同样经营很多特殊批准的高校。根据资料，自20世纪90年代，已经有很多投资公司专门进行营利高等教育行业的投资。其中享有盛名的公司包括梅里尔·琳齐公司、教育风险投资公司和知识寰宇公司。在1998年，梅里尔·琳齐公司的教育产业收入已经达到700亿美元。在美国7000亿美元的教育总经费中，已经占了10%。当代美国高校中，市场运作的所有方式，基本都能够在第一批高校的初期运行中看出踪迹。在美国高等教育开创之初，就将高校定义为既能实现其盈利性的私人目的，又可以为国家公共事业创造出财富的一种产业，国家的目的是达到社会与个人均衡分担高等教育费用这一状态。美国公立高校的经费主要由各个州的政府拨款或者由其他补助组成。1997年，全美4096所高校中，大部分都自认为是市场性的高等教育机构。

二、自由竞争机制是美国高校产权制度变革的核心

长期以来，在美国高等教育领域形成了比较完善的市场竞争机制。首先是政府财政资助中的市场机制。美国各级政府向高校提供了大量的财政资助，除了州政府向公立高校提供的经费属于固定拨款外，其他资助都是以科研合同和补贴的形式提供的，如联邦研发资助、学生财政资助等。联邦税收政策鼓励家长进行高等教育投资以及个人和公司为公立、私立高校提供捐助。同时，美国高校也会向学生收取学费。从竞争性市场的角度看，学费标志着高等教育的均衡价格；从理论上讲，这种价格可以使学生和高校产生成本意识，使高校对学生的需求更加敏感。公立高校收取的学费为私立高校的出现提供了机会，有利于高等教育系统的多样化。此外，美国联邦政府对学生提供的资助也受到了竞争机制的影响。整个演变过程从 20 世纪 50～70 年代开始，当时学生的经济状况是政府提供资助的主要参考标准，家庭财务状况困难的学生是主要资助对象。但到 20 世纪 80 年代，情况有所改变，学生的学业成绩得到了普遍的关注，奖励竞争中的优秀学生和为家庭财务状况较差的学生优先提供资助的两种情况并行。最近几年来，竞争机制已经在美国很多地区的高等教育财政方面采用。例如科罗拉多州、康涅狄格州、佛罗里达州、密苏里州、南卡罗来纳州、田纳西州、弗吉尼亚州和怀俄明州等，主要有两点：一是以高校的业绩为前提，二是依照系统的学术准绳对各个高校调配州政府的资助或奖金。实施以业绩为前提的资助政策，把重心放在了结果的考核上，而不再是之前对于过程的规范。这样可以鞭策各个高校对于获得的公共资金更加负责，对于学生的学习和就业等方面更加注重。

三、契约机制是美国高校产权制度改革的保障

契约机制是美国高校产权制度改革成功的最重要的保障。契约的形

式主要有政府与高校之间的合同，如联邦政府与高校之间的科研合同、州政府和高校之间的预算合同等，各高校就劳务或中间产品和服务的提供而签订的合同、高校之间的合同、高校与企业之间的合同等。

（一）政府与高校之间的合同

联邦政府和州政府对高校的资助可视为一种政府与高校之间的契约。政府向高校提供资助是假定高校可以为政府提供教学、研究等高等教育服务和公共服务。政府与高校签订合同的目的主要包括：一是要求高校对于获得的公共资金更加负责。二是完成政府所提出的目标：在科研方面，能够高效、高质量地开展科研活动，并且得出有品质保障的科研成果、提高学术质量；在教学方面，提高学生的入学率、毕业率、就业率以及其他一些预期目标。三是将政府的资助、补贴与高校的业绩结合起来，在合同的实施过程中通过奖优罚劣来施加对高校的影响。政府与高校之间的合同始于第二次世界大战期间联邦政府与高校之间的科研合同。第二次世界大战前，美国高校科研发展缓慢，资助经费比例小，数额少。第二次世界大战使美国政府意识到其所处的战争是一场高科技的战争。卡内基研究院院长的万尼瓦尔·布什向总统罗斯福提出两点建议：一方面，应有效地组织起美国的科研力量，让科学家在原本所处的科研场所工作——比如高校，美国政府本身不需要建立专门的研究机构；另一方面，科研合同应该成为高校获取政府提供的科研资金资助的一种渠道。哈佛大学第 23 任校长科南特认为，在美国，传统的联邦政府资助高校的方式是政府大包大揽式，但布什提出的二者之间的科研合同关系使这种传统形式发生了变化，这种新的合同形式的核心内容就是不去推广延伸政府的科研机构，而是全面推广私立机构的科研，这样可以通过合同的方法来使用政府的资金去发展高校的科学研究。根据布什的建议，联邦政府加大了对高校科研的资助，科研资助从 1946 年的7400 万美元增涨至 1960 年的近 80 亿美元。第二次世界大战之前，哈佛大学的科研发展非常缓慢，能够进行的科研项目非常少。但是到战争结束的时候，哈佛大学已经握有 28 个政府科研合同，每年能收到的科研经费高达 430 万美元, 这个数字比哈佛大学每年的 2100 万美元科研经费的 1/5 还要高。在 1969 ~ 1970 年间, 哈佛大学从政府手中获得了用于科学研究发展和科研合同的金额高达 6100 万美元的资金资助, 是这一年全国高校资助资金总额的 30%。

(二) 高校内部的合同

这种合同关系最典型的例子就是高校和学生之间的授课与上课的关系。美国很多高校都在内部实施一些 "购买课程" 的制度, 不同类型的课程都明码标价, 学生依据自己的需求和喜爱程度来选购各种各样的课程。虽然这种 "购课制度" 严格意义上并不是一种正规的合同形式, 但是各个高校都对此非常的严谨认真, 因为这种关系涉及付费上课的学生, 而高校需要学生的学费来作为日常运行的经费, 学生在这种关系中就相当于顾主的角色。这种学生 "购买" 课程、高校提供课程的合同形式, 会让学生处在 "顾客是上帝" 的角色中, 而高校也会因此而受到很大程度的管束与制约, 它会让高校更加注重提高其教学质量和教学服务, 以此来增加竞争力。其中, 较为重要的是, 高校是决定使用终身制教师还是临时代课教师, 换言之, 高校涉及的合同除了与学生之间的这种关系外, 还存在着两种聘用教师的合同问题。虽然都是劳动力的合同, 但是他们之间的不同还是显而易见的。选择终身制的教师有其优越性, 那就是相对稳定, 并且能留住人才资源, 但是其也有一定的负面影响, 那就是弹性比较小, 特别是高校的资金状况出现问题或者资金紧张的时候。选择非终身制教职工, 在高校财政紧张时可以通过解聘或者其他方法来缓解内部的压力。而且在高校改善教学质量和教学服务的过程中, 非终身制也具有可调节的灵活性。还有一种合同关系是涉及高校与社会其他服务机构的合同。高校一般将这些服务以合同的形式外包给外部提供者。这样高校对于这类工作的管理就简单了许多。由于社会中提供各方面服务的机构资源非常丰富, 数量繁多, 高校在寻求这些信息的时候, 非常便利, 可选择的范围也非常广, 这样会使得竞争者降低价格, 从而压缩成本。

（三）高校之间的合同

如果某一个高校在某一方面无法达到令人满意的程度和水平，并且想寻求在这一方面的发展和突破，它就会向外寻求帮助，以达到自身平衡发展的目的。一般情况下，高校都会在高等教育领域中谋求合作，也就是高校之间的合作。之所以这么做，是因为面向社会寻求的资源或者帮助可能是有限的，而且与外部机构合作的成本也比较高昂。比如，为了实现规模经济效益，高校之间可以达成一项联合购买协议，资源共享、成本分摊，以便降低购买成本和提高资源利用率。高校还可以在一系列领域达成合作以节约成本，如图书和信息资源共享、联合开展项目等。但是，这也势必会涉及成本的问题。为此，建立一个专门实施合同的小组是非常必要的。

（四）高校和企业之间的合同

美国高校和工商界的企业之间的合作关系历史悠久。随着联系越发密切，两个领域的人才资源流动也非常频繁。他们各自派出代表长期参与对方的董事会或担任董事，并加入其他自愿的、以社区为基础的活动组织。高校的教师从事工商业经营的也有非常成功的案例：如麻省理工学院的前校长汤姆森，他在担任校长的同时，还创建了自己的公司，也就是现代通用电气公司的前身。使这种工商界和高等教育界合作的现象产生的原因，很大一部分是由于市场竞争机制以及财政压力的加大。面对压力和竞争，高校和企业都需要彼此的支持和帮助，二者在不断地磨合与接触中，逐渐找到一种互惠互利、双赢的合作方式。美国高校与工商企业之间的合作关系主要体现在以下五个方面：一是工商企业为大学的科研提供经费，与大学签订科研合同，通过外包实现互赢；二是建立大学企业合作研究中心，为企业可持续发展制定战略规划；三是大学为企业提供咨询，对企业日常出现的问题提供对策建议；四是建立大学科学（或工业）产业园，实现高校和企业生产要素（主要是劳动力）的互通；五是教育培训，高校可以将不擅长的实践课程外包给企业，企业也可以将不精通的理论培训内容外包给高校。

四、公共政策是美国高校产权制度改革的政策取向

为避免市场竞争的消极作用，美国各级政府利用公共政策对市场竞争进行了必要的规范，以使市场竞争更好地为高校发展服务。公共政策规定了美国各高校间竞争的基本条件和基本框架。例如，私有产权神圣不可侵犯就是美国政府所确立的一项关于产权制度的政策取向。美国政策通过法律，明确界定了美国高校在高等教育领域中对高等教育资源的占有、使用、收益、处置等权利。例如，美国司法部已经将《谢尔曼法案》中的反托拉斯规定应用于高等教育领域。在 20 世纪 90 年代初期，美国司法部曾起诉美国部分一流私立大学对高等教育价格的操纵和控制。这些法规让良性的市场竞争运转于美国高等教育领域。美国还通过法律，对高校的科研收费、教学服务收费，以及学生所缴的学费等项目进行规范。并且为了让学生更了解这些款项的内容，美国高校需要将这些内容的具体材料上交，并进行广泛的宣传。随着美国高等教育界与工商界的联系越来越紧密，联邦政府也增加了对二者合作的规范与管理。通过这种措施，政府可以监管合作的内容和利益冲突，防止社会企业公司等势力影响到高校教师的学术自由。同样需要监管的还有高校，美国政府要求各高校将相关内容和信息提供给科研人员，这样科研人员在进行职业选择时就可以通过透明全面的信息来做出自主的、理性的选择。自 1995 年开始，美国高校的科研人员，一旦从美国公共卫生局得到财政资助，就被要求上报其与自己所在高校管理中发生矛盾的地方。对特殊教师的监管也是必要的。美国高校中的科学家，如果参与社会公司或企业的盈利活动，凡是所得利润大于 10000 美元金额的，或者持有大于 5% 的股份的情况，都被要求公示。此外，联邦政府还要求高校上报其自身出现的利益冲突，并且要确保针对冲突制定出了相应的决策和解决办法。

五、小结

由上可见，积极参与、自主决策、契约管理、公平竞争是美国高等教育产权制度改革的重要特点，市场竞争可以确保并且有助于美国高等教育的发展。由于市场的主导作用，政府的权利就被削减至最低。因此，市场机制保证了私立高校不受政府的控制和干预而自主地参与市场决策与竞争。但是，高校在市场主导的环境中，除了能得到以上的种种优待之处外，也面临着巨大的压力。激烈的竞争，使得美国的高校必须时刻保持前瞻性，拥有先进而丰富的教学资源，区别于其他学校的独特属性。而政府提供系统全面的法律法规，成熟的市场机制以及谨慎严密的监督机构，保证了美国高等教育市场的公平竞争，也提高了美国高校产权制度改革的绩效。

第二节 欧洲高校产权制度的变革

伴随着"市场化""大众化""分权化""私有化""法治化"等概念的涌现，欧洲高校也参与到高校产权制度改革的大潮中来。

一、欧洲高校产权制度变革的背景

20 世纪 80 年代以前相当长的时期，欧洲高校的传统是政府主导模式，政府为高校提供充裕的高等教育经费，高校将主要精力集中于教学、研究、为社会服务和文化传承四大活动领域。但是，进入 80 年代后，高等教育的经费成为政府的一个重要负担。撒切尔主义反对建立在凯恩斯经济学和对福利国家的支持之上的"共识政治"，主张通过私有化和市场化提高经济效率，在其影响下，私有化和市场化概念开始被引入高等教育领域，并迅速在西欧高等教育领域推行。

二、欧洲高校产权制度的市场化改革

欧洲各国高等教育专家对于高等教育市场化进行了深入的研究。1997 年，经合组织（OECD）给高等教育市场化做出了具体的界定："把市场机制引入高等教育中，使高等教育运营至少具有如下一个显著的市场特性的公有化，即是一个引入市场机制的过程。使高等教育机构更具竞争性、自主性和广泛适应性。"汉斯·沃森斯塔（2002）认为，如果进一步理解高等教育市场化，它实际上是在高等教育领域，将权利由政府大包大揽的集权式发展为各种权利平衡支配的形式，以及市场化带来的激烈竞争和运营方式，包括在学生和高校之间建立一种更加直接的联系：促使高校更加有效地满足社会的需要、向学生收费和完全私有化。乔治·克尔门（2004）认为，高等教育市场化有三种形式：一是高校自治。西欧高校在历史中一直拥有充分的教学和研究自由，但没有现代市场意识。二是提供资金的形式的变化。也就是由功能预算向行为目标预算转化。高等教育市场化还表现为各个高校的运转资金从政府拨款资助转变为由市场购买方支付。这意味着学生必须上缴一定数额的学费。三是以"具有竞争力的独立的提供者"取代垄断的政府提供者。为了形成具有竞争性的高等教育市场，一定要满足开放的市场结构，充足的推动政策和关于教学和研究质量的信息三个前提条件。高等教育市场化使高等教育机构变得越来越像一个"混合机构"。在欧洲高校产权制度改革实践中，高校除从事传统的教学科研外，还开展各式各样的合同教育和研究项目来增加高校收入。在荷兰、波兰、俄罗斯和英国，学生上缴的费用已经是学校财政资源的重要组成部分。同时高等教育机构和学生之间的联系慢慢转变为供与求的关系。高等教育机构的重心逐渐转向学生，除了收取并且提高学生的学费外，一部分政府的财政拨款形式也发生了变化，由之前的"输入投入体制"，也就是按照招生人数进行拨款，进化至"输出投入体制"，也就是资金补贴除了参照学生人数外，也要将注意力放在学生在校的表现和取得的成绩（毕业率、就业率等）。市场竞争机制促使高等教育机构不仅要符合政府提出的各项条件，也要迎合消费者即学生的不同口味。

三、英国高校产权制度变革的实践

在英国，20 世纪 80 年代出现了"撒切尔革命"，其内容之一就是在高等教育领域实行市场化、私有化的产权制度变革。从 1979 年开始，英国政府取消对欧共体以外所有大学生的公共补贴。1980 年，英国政府对高等教育资金资助的 10% 已经被减掉。紧接着，1988 年的《教育改革法》以及 1992 年的《高等教育改革法》，进一步明确了市场竞争体制在英国高等教育中的重要地位。这个制度实施了十年后，对英国高等教育产生了深远的影响：一是市场竞争的优胜劣汰有利于高等教育的消费者。例如，竞争导致了各个高校普遍降低了学费来吸引消费者入学，与 80 年代相比，学费降低了 40%。二是使英国高校的教学与科研的产出大幅度增长。例如，英国自 80 年代初引入科研评价制度，科学论文数量增长速度极快，与之前科学研究是靠兴趣驱动相比，任务驱动对科学研究推动作用更为突出。在教学方面，英国的高校开始和学生之间进行广泛的签约，学生在教学过程中不再是被动的接受，也开始研究各高校制定的课程目标、专业评价标准、教学过程等，毕业生质量有了明显提高，优秀毕业生的数量和质量所占比例也不断攀升。同时，教师对科研工作的重视程度也明显得到了强化。有研究表明，英国的高校教师从事学术研究的时间，在英国高校产权制度改革后明显得到了提高。另外，改革后，英国高校教师的聘用一般都采取合同制，而改革前英国高校的绝大部分教师都是终身制的。三是学费收入已达到了整个教学成本的 30%。政府统计专家估计，这一收费水平大致和许多大学扩招学生的实际边际成本水平相当。到布莱尔政府时期，开始积极开拓完全资本形式的留学教育，其目的是在全世界树立起"英国教育"的品牌，力争让到英国学习的留学生占到英国在校大学生的 10% 以上。同时，英国还积极推行高等教育产业化政策，强调高等教育与产业（如商业）

挂钩，强调教学的知识成果与产业生产的经济效益之间的互相拉动，如新型材料的运用、制造业的技术革新、人工智能的研究和发展、生物化学的广泛应用等。

第三节　日本高校产权制度的变革

日本高校的产权制度变革主要体现在大力发展私立高校。"二战"后，日本政府就一直坚持发展私立高等教育的政策，私立大学学生人数占全国在校大学生的比例，在 1955 年还不足 60%，到 1996 年已经超过了 70%。与欧洲同期大学收学费政策不同，日本公立高校原来就收学费，但是价格远不如私立高校昂贵。市场竞争机制引入日本高等教育市场后，公立高校收取的费用也逐年递增，另外，私立高校面对竞争的压力，也开始降低费用，使得二者的差距越来越不明显。根据调研，在 1975 年，日本私立高校收取的费用平均是公立高校的 5 倍多，到 1993 年，已经缩减到 1.5 倍。也就是说，日本公立高校 20 世纪 90 年代中期的学费收取额比 20 年前涨了 10 倍多，而私立大学学费只涨了不足 3 倍。因此，在有着多样化高等教育体制的诸多发达国家中，日本是私立高等教育比重最大的国家之一。现在，日本有 758 所高校，其中国立高校 86 所，公立高校 77 所，私立大学占比已接近 80%。日本私立大学的在校本科生数占到日本在校生总数的 80%，在校研究生数占到日本在校生总数的 1/3 以上。目前普遍的观点是，日本高等教育的核心力量是私立高校。日本高校产权制度改革的重点也是私立高校。

一、日本通过立法支持高校产权制度改革

依照法律法规来发展高等教育以及实施高校管理是日本高等教育制度的基本特征之一。1899 年，随着《私立学校令》的颁布，日本高等

教育的这一制度在私立高校中开始起到规范管理的作用。1949 年，日本政府颁布了《私立学校法》，这成为第二次世界大战后日本私立大学发展的最主要的法律。这项法律对日本私立高校的自主性、公共性和政府资助这三个方面进行了法律界定。《私立学校法》的第一章第一条就规定："本法律考虑到私立学校的特性，以尊重私立学校的自主性、提高私立学校的公共性、使私立学校得以健康发展为目的"，从而将政府对私立高校的影响控制在一定的法律范围内，防止过多干涉私立高校的自主权和自由性；《私立学校法》第二章对日本政府教育行政部门对于私立学校的监督、管理权的主要权限进行了界定，此权限被限定在私立学校的设立与废止方面，并且做了严格的规定，如规定文部大臣在批准新设私立学校和下达关闭私立学校的命令时必须事先听取"大学设置·学校法人审议会"的意见，只有被这个审议会同意，才能进行审批；承认私立学校的公共性并确保其得以实现是关系到私立学校的性质与发展的另一个重要问题。由于私立学校同样属于国家教育体系的分支，它也需要向国家输出教育人才。但是私立学校的私人属性区别于公立高校，因此明确指出，私立高校的管理机构包括理事会、评议员会和监察员，其中理事会应该由五位成员或五位以上的成员组成，监察员应该为两位成员或两位成员以上，但是在所有机构中，工作人员不能使与其有血缘或姻缘关系的人参加到其中，评议员会的成员要达到理事会成员数量的两倍以上。同时政府也要对私立学校进行某种程度上的帮助和支援，规定："国家和地方政府在认为有必要振兴教育之时，可根据其他相关法律规定，对学校法人（私立）实施学校教育给予必要的补助。"《私立学校法》还着重阐释了私立学校法人的设立（如设立目的、学校法人名称、学校名称、报批程序等）、管理（理事会、评议员会、监察员等）、解散等相关材料及程序。据此日本的高校可被分为国立、公立、私立三种类型，国立高校由中央政府负责建立，公立高校由地方政府负责建立，私立高校由学校法人负责建立。《私立学校法》公布之后，日本政府为了振兴日本的高等教育，又相继制定了《关于给予私立大学研究设置国家补助的法律》《日本私学振兴财团法》《私立学校振兴助成法》等有关私立高校的法律，文部省也为执行《私立学校法》先后下发了《私立学校法施行令》《私立学校法施行规则》等实施细则。这些法律、法规和实施细则，对于依法设立高校、管理高校、监督高校、激励高校，以及促进日本私立高校的发展都起到了法律保障的作用。

二、通过资助支持私立高校产权制度改革

私立高校的发展，离不开政府在各方面的帮助和推动。三种不同形态性质的高校最本质的区别，就是高校财产的获得方法不同。在日本，除了私立高校是通过招生来获得高校运营的主要资金外，其余两种高校的资金基本都是由中央和地方政府资助的，这就造成了私立高校无法像其他两种类型高校那样获得雄厚的经费来源，经费问题一直是日本私立高校发展壮大的最重要阻力。从学生人均经费水平、办学条件、校舍面积、图书设备、师资力量等具体的各个方面都可以看出二者之间的差距。私立高校如果要缩小差距，又不能乱收费，只能寄希望于政府的资助。为此，20世纪70年代，日本政府制定了《私立学校振兴助援法》，在其第一条的立法目的中明确规定："鉴于私立学校在学校教育中所发挥的重要作用，根据国家及地方政府支持私立学校的有关规定，为维持与提高私立学校的教育条件、减轻私立学校学生的经济负担并加强私立学校办学的健全性、使私立学校得以健康发展而制定本法律。"同时还专门规定了政府对私立学校拨款补助的经费比例和私立学校申请的途径。如要求财政拨款不能超过私立学校经常费用的一半，经费由私立学校向私学振兴财团申请（政府只将补助经费预先投给财团，不针对各私立高校）。在1951年，日本政府对私立高校的补助金额仅为87万日元，到80年代，日本私立高校财政的近1/3都是由政府资金资助，如2002年日本政府对私立高校的补助金额高达3142.5亿日元。日本政府对私立高校在经费上的资助缓解了私立高校的经费不足状况，在一定程度上改善了私立高校的办学条件，维持并促进了私立高校的快速发展。

第四节 国际比较与经验借鉴

通过对世界主要发达国家高校产权制度变革的分析，我们可以看到其既有相通之处，也有其特殊性，比较他们改革的异同，并找出对中国的启示，具有重要的意义。

一、改革的相同点

纵观世界主要发达国家高校产权制度取向及其变革，主要有两个方面的共同点：一是积极引入市场竞争机制。通过构建开放、自由、平等、竞争的高等教育市场，促进高等教育体系自身不断完善发展。高等教育市场竞争机制的确立，推动了高校学科建设、教学水平及社会服务能力的提升；二是政府对高校提供政策支持。各国政府通过立法、公共政策、财政投入等方式对市场竞争进行了必要的规范和补充，避免了恶性竞争和市场失灵的现象发生。

二、改革的不同点

美国是高等教育市场体系较完善的国家，市场竞争机制在高等教育资源配置中起支配作用，政府的作用更多的是引导、制定相关机制的建立（如竞争机制、契约机制），监督市场的良性运行，并且制定公共政策规范市场竞争。英国高校产权制度的变迁主要体现在对高等教育进行市场化、私有化的变革，逐步缩减政府对高等教育的财政支持，通过竞争促进高校教育质量和科研水平的提高。日本则将高校产权制度改革的中心放在私立大学上，通过立法和提供资金扶持来鼓励私立大学的发展。

三、对中国的启示

如上所述，全球主要发达国家在高校产权制度变革方面已取得诸多前沿的理论成果，并且在实践中得到了较好的应用，其一些理论和实践经验是值得中国高校产权制度创新加以研究和借鉴的。主要体现在以下几个方面：一是引入市场竞争机制。目前中国公立高校所有权归国家所有，缺乏有效的竞争机制，阻碍了高校提高其办学质量；二是完善市场准入制度，积极引导民间资本进入高等教育领域，民办高校既可以作为中国现行公立高校的有效补充，又有利于完善竞争机制；三是充分发挥政府的调控职能，为高校产权制度建设提供立法、政策和资金支持，特别是要对法律及时修订，如日本《私立学校法》在第二次世界大战后50 年里修订了 23 次，平均每两年就修订一次；四是构建有效评估机制，既要体现出评价指标体系的科学性，又要避免"一刀切""千校一面"，特色被扼杀。

第六章

中国高校产权制度
绩效优化的路径

中国高校产权制度优化路径需要从宏观和微观两个层面进行设计。从宏观优化路径上看，应该重在建立有效的政策保障；从微观优化路径上看，应该重在实现产权的高效重组。

第一节　宏观优化路径——政策的保障

在坚持公平性、合理性、有效性原则的基础上，中国高校产权制度的政策设计可通过法律保障机制的创新、行政管理体制的创新、法人治理结构的创新、经费保障机制的创新等实现绩效优化。其具体途径包括六个方面：促进高校向"混合所有制"方向发展、扩充"使用权"权利让渡的服务项目、充分发挥"收益权"的激励作用、建立"契约型"高校运营体系、促进"国家引领"向完善政策法规方向发展、完善高校产权的"内外"监管体系。

一、中国高校产权制度宏观优化的原则

如前所述，中国高校产权制度不管是公立高校，还是民办高校，或

者混合型的高校，都存在进一步进行产权制度优化的必要性。在优化时，公平性、合理性、有效性是必须要考虑的原则。

（一）公平性原则

在构建高校产权制度时，公平性主要体现在高校产权制度相关的立法、执法和契约的生成及执行中。公平性是高校产权制度进行构建时要优先考虑的第一原则。公平性是高校产权制度合理与否、有效与否的前提条件。高校产权制度涉及多个主体——国家、学校、教师、学生、企业、投资人、高等教育主管部门等。公平的高校产权制度，就要公正地界定出高校产权各权能的受益主体、受益的规则等，就要公正而清晰地界定出政府与高校之间、高校与个人之间、个人与政府之间投入比例及利益如何分配，怎样分配？在对这些主体产权进行界定时，要站在公平的立场，根据各权能主体的投入公平的界定他们的权利。在经济学中，有一个重要的研究假设前提：经济人。即人都是自私自利的，都会从自身收益最大化角度思考问题。所以，高校产权制度不论是在法律制定上还是在契约生成上，都会受到行为主体利己动机的驱动，这种利己，有时还会受到利益集团的左右，所以，高校产权制度相关法律制定就要从源头上保证这种公平性，要广泛地、多形式地听取各方意见，"兼听则明"，至少要保证责、权、利的对等，要保证法律和契约的公平性。比如说，原来对民办高校所有权的界定明显有失公允。

（二）合理性原则

合理的高校产权制度是保证中国高等教育可持续发展的前提和基础。黑格尔曾经说过："存在的就是合理的。"在社会学的理论和实践应用中，符合社会情理就是合理的，其中最为重要的就是在价值基础之上，考虑绝大多数人的最高利益，保证最广大人民根本利益最大化使公正与功利保持一致。并以在特定的时间、特定的空间条件下，是否符合绝大多数人的最高利益作为评价高校产权制度合不合理的基本标准。主要由以下四项基本条件构成：一是高校产权主体具有平等的地位；二是保护高校财产所有权中的收益权不受侵害；三是高校产权中的各项基本权能具有公平交易性质；四是依法保障高校法人财产权的合法地位。但是在高等教育实际发展的过程中，面临着诸多难题，如私有产权"钻空子"、投机行为被放大等；没有明确地界定并规范高校法人财产权相关的法律法规；没有保障私有产权的合法权益，私有产权、社团产权、集体产权、国有产权在主体地位上不同，产生了不平等性；打着"不以营利为目的"非营利性的旗号对投资人获取合理的投资回报加以限制。因此，可以说，构建高校合理的产权制度与现有高校的管理运营存在较大的差异。比方说，高校在学费进项和经营性收入等方面的财产积累没有划分明确的归属的情况依然存在。在《社会力量办学条例》中第 36 条和第 37 条分别明确规定："教育机构在存续期间，可以依法管理和使用其财产"，"教育机构的积累只能用于增加教育投入和改善办学条件，不得用于分配，不得用于校外投资"。[①] 然而条例中并没有进一步明确由哪一个主体来承担责任，到底由谁负责民办高校财产的运营和处理以及是否有人能够代表董事会行使与之相应的权利。一些地方相关部门以各种借口和事由把民办高校财产归为地方财政；一些民办高校的校办企业巧立名目挤占、抽调这些财产，以收取服务费、管理费为由等；还有一些主管单位采取"打擦边球"的方式，侵占这部分资金和收益，转而投资与教育无关的其他行业。

（三）有效性原则

高校产权制度的设计和构建，必须注重制度运行的有效性，以充分保障高校产权主体的各项合法权益和基本效益，应避免因产权制度上的无效造成损失而失去这种产权制度存在的意义和价值。依据诺思的阐述，制度的有效性通常具有两种基本特性：首先，能有效保护从事生产经营活动的社会成员所获得的劳动成果，并能够形成有效的激励机制；

---

① 中华人民共和国国务院：《社会力量办学条例》1997 年（已于 2003 年 9 月 1 日废止，由《中华人民共和国民办教育促进法》替代）。

其次，能使参加社会生产和劳动的相关成员得以在最大程度上自由地展现和发挥各自的才干，从而促使在社会整体生产活动中，最大限度地挖掘潜力，激发潜能。从经济学的角度来看，生产经营主体必须同时具备三个基本要素：一是作为经营活动的主体所从事的生产经营活动能产生较强的外界效应；二是其所产生的外界效应本身威胁或侵犯到了他人所拥有的合法权益；三是由于交易成本极高，因此这种利益冲突还无法通过市场自由交易的方式来解决。构建高校产权制度时必须明确，高校产权制度不是为了某一个人或者团体服务的，在明晰高校产权制度的前提下，尽可能地有效保护参与社会生产劳动的相关成员在教育活动中所取得的各项成果，从而取得个人利益与社会效益双丰收。如果广大社会成员的自由受到了不合理的限制，比如对个人投资办学的限制，那么一定是存在着某种凌驾于社会大多数人利益之上的特殊权力集团，而这种特殊权力的存在又必然会诱发大量的寻租行为。有效的高校产权制度能降低市场中的不确定性，形成确定性预期，抑制高等教育活动领域中的机会主义行为，从而降低交易成本。

二、中国高校产权制度宏观优化的政策路径

随着中国高等教育体制改革的进一步深化，构建和完善高校产权制度，已成为中国高等教育改革和最终目标实现过程中刻不容缓的任务。

（一）法律保障机制的创新

《中华人民共和国高等教育法》第六条规定：国家鼓励企业事业组织、社会团体及其他社会组织和公民等社会力量依法举办高等学校，参与和支持高等教育事业的改革和发展。第六十条规定：国家鼓励企业事业组织、社会团体及其他社会组织和个人向高等教育投入。但是，从法律上保障出资人的权益同样非常重要。从美国、欧洲、日本等国家可以看出，健全的高校产权法律保障机制是其高等教育日益发达的最重要保证。华天涉外职业技术学院董事长、厦门市政协委员肖川曾说："我们

的投资渴望保护。既然是投资办学，对投资人个人的产权问题就需要说个明白。其实相信我们中间的多数人都愿意把毕生心血倾注在教育上，把学校办成可以常青的基业，我知道很多人已经把自己投入学校的资产捐了，但我们希望清清楚楚，如果是投资就光明正大拿回报，是捐资，我们希望戴着大红花。"目前，中国高校产权制度安排的日益多元化要求从法律上明确高校出资人对其投入部分所形成的高校财产是否拥有所有权及对办学增值的高校财产部分享有什么权利。目前中国有必要对《中华人民共和国教育法》《中华人民共和国高等教育法》中有关高校产权的法律条款进行修订，为产权多元化提供法理基础。建议从两个方面对高校产权制度方面条款进行完善：一是应肯定投资人对高等教育投资的办学财产拥有所有权。不论是公立高校还是民办高校，投资者以投资方式投入高校的财产及合理回报率下的增值部分都应该归投资者所有，国家直接、间接投入所形成的高校财产及增值部分应该归国家所有，受赠资产归高校所有，在高校存续期间所有高校财产由高校法人享有占有权、使用权、收益权和部分处置权。二是应构建社会资本的退出机制，保证高校非国有投资主体在高校存续期间的退出权、收益权、剩余索取权。在此，有必要区分一下"营利"和"盈利"的不同。《汉语词典》将"营利"解释为"谋取利润"，即以追求利润最大化为目的。《中华人民共和国高等教育法》第三章第二十四条规定"设立高等学校，应当符合国家高等教育发展规划，符合国家利益和社会公共利益，不得以营利为目的。"这同高校是非营利性组织（NPO），不得以追求利润为目的，牟利不是高校设立的出发点。但是，高校是否应该"盈利"呢？"盈利"是指扣除成本获得的利润，当收入大于成本时就会有利润，反之就会亏损。高校是否应该实现"盈利"，与高校不应该以谋求利润为目的是不冲突的，"盈利"是任何组织和个人长期得以存续的根本，介于二者之间的"收支相抵"是一种不具有现实意义的应然状态，"盈利"和"亏损"才是任何组织和个人长期发展中存在的实然状态。试想：没有高校的"盈利"，如何提高高等教育的投资效益？如何实现高校财产的保值增值？高校如果有"盈利"，将"利润"的一部分以合理回报形式（当然应该低于营利企业的投资利润率）返回给高校的投资人也就有了理论上和实践中的可行性。给高校资产的投资人以一定的利润，资本就会更多地涌入高等教育领域，这才符合"国家鼓励企业事业组织、社会团体及其他社会组织和个人向高等教育投入"，才能真正构建起"以财政拨款为主、其他多种渠道筹措高等教育经费为辅的体制"，才能真正使高等教育事业的发展同经济、社会发展的水平相适应。当然，高校财产在高校存续期间具有整体性特点，高校的投资者不能抽回其投入的办学资金，但在一定条件下应该可以继承和转让，在法律上建立有效的退出机制同样重要。

同时，推进大学章程建设也是构建和完善高校产权制度的题中应有之意。大学章程是现代大学制度建设的法治保障，也是高等教育内涵式发展的前提。大学章程作为高等教育治理的"宪法"，是维系高等教育内部与外部法律关系的基石，不仅仅规范高等教育内部各要素间的权利与义务关系，而且划定了高等教育与外部法人间的边界范围，保障高等教育对外开展活动的合法性。在全面推进高等教育治理能力与治理体系现代化的浪潮中，大学章程已进入"后章程"建设时期，各高校制定的章程已基本完成教育部、教育厅等教育行政部门的核准。在此基础上，新时代高等教育内涵式发展的关键在推进大学章程的实施效力，切实落实好大学办学自主权，确保"一校一章"实施的质量与效果。在"后章程"时代，大学章程更注重的是效率与效能，重在依章办学、依章治理的实效性，而不仅仅是拟定章程文本内容，因此，提高大学章程的实施效力是高等教育内涵式发展的关键，也是现阶段高校产权制度绩效提升的重要方面。[①]

（二）行政管理体制的创新

在现代公共经济学领域，高等院校以教学品质为中心的各项服务，

---

① 吴云勇：《新时代高等教育内涵式发展探索》，载《内蒙古社会科学》2018 年第 1 期，第 179 ~ 183 页。

是高等教育生产的"产品"。高等教育所提供的各项服务同时承载着个人利益与社会效益,并具备公共与私人双重属性,既对应着社会发展需要而产生明显的外部效应,又对应着个人进步诉求而带来的个人收益。根据担负的责任和义务,在高等教育行政体制改革问题上,政府以建立健全现代大学制度、规则为职能转变的预期目标,涉及教育市场准入、交易和竞争等方面的法规制度,形成开放有序、有效竞争和完整统一的模式结构。这样就需要与之相适应的、优化的和全新的目标管理理念及行政职能转变,用更加精细化、专业化的高等教育行政管理替代以往"大而全"的管理体制。需要转变以下六个方面:由间接管理替代直接管理;由目标管理替代过程管理;由行政和法律兼备替代以往的行政为主;由中、长期管理替代短期管理;由宏观管理替代微观管理。重点突出并优化下列四项职能:

1. 高等教育经费保障与立法

为促进高等教育的健康有序发展,有效地提升教育教学品质,国家应制定与之相适应的各种相关的法律法规、方针政策,管理和监督高等教育,使其得到国家财政上的大力扶持和法律上的有力保障。

2. 高等教育评估督导与规划设计

政府所担负的行政职能和责任包括评估督导高等教育。逐步建立健全满足中国高等教育发展需要的科学完整的教育评价督导体系及相应的制度,层层检查、指导,彻底扭转督导弱、行政强的局面,确保高等教育在可持续发展的道路上稳步前进。政府根据高等教育实际发展过程中一段时间内的规模、要点、节奏、速度等具体情况,对高等教育进行规划和设计。地方政府的教育规划设计侧重于微观层面和近期发展;而国家的规划设计强调宏观、中观层面和中期、长期发展。地方教育规划设计务必服务于当地的社区发展和经济增速,国家和地方制定的规划设计应充分考虑特定历史时期内的社会经济发展情况并与之相统一。

3. 高等教育咨询服务与研究

这属于高等教育行政权力中的一项重要环节。关于高等教育方面的咨询服务与研究,必须由教育部作出整体安排和统一部署,包括建立研究高等教育的机构，设立从事开展高等教育咨询工作专门的委员会，组织研究高等教育问题，收集高等教育信息等方面的内容和有关事项。为使高等教育研究与咨询服务更好地保障和促进高等教育的科学化、民主化和规范化地决策，国家级高等教育研究与咨询服务的信息化网络平台要进行全面改造升级。

4. 高等教育资源供给与筹集

要采取逐步统一财权和事权的做法并做到合理化分权，改变以往由国家和政府一包到底的习惯性做法，一方面，国家继续下拨和加大教育经费投入；另一方面，对地方实行部分政策放开，使其在合理的范围条件下，利用多种途径拓宽高等教育经费筹集解决渠道。地方政府进行分权的保障和基础是对教育采取分级收税制，不仅征收教育附加费，还收取用于高等教育的其他附加费，逐渐增加对地方教育经费的投入比例，争取提升 20~30 个百分点。高等教育经费由各级各类地方政府按照财政包干的方式统一筹措、计划。另外，根据国际惯例，中央建立高等教育相关经费使用和管理制度和制定相应政策，采取经费援助、财政拨款等相关措施，给予政策上的倾斜，逐步缩小并不断消除地区之间的差距，应该尽量避免因放权给地方而出现政策上的不同，造成较大幅度的悬殊和差异。

（三）法人治理结构的创新

办学体制改革的根本目标与核心实质，是改革调整办学体制中的各项制度和组织结构并建立健全现代高等教育产权制度，确定高等院校在高等教育市场中真正意义上的竞争主体和法人实体。既然实践已经证明：由股东大会、董事会、监事会和高级经理人员组成的法人治理结构是国企改革的有效路径，这种法人治理结构有效地协调了企业内部股东、董事、监事、经理层、利益相关者（如员工、客户、存款人和社会公众等）之间的关系，那么，中国高校也可以通过法人治理结构来构建高校的组织结构。具体地说，在行政权力配置方式上，要逐步取消政府纵向统筹，顺应市场经济，创建高校三权分立的法人治理结构创新系

统：党委会（公立高校）/董事会（民办高校）的决策系统，校长会的
行政系统和评议会的立法系统。通过法人治理结构的创新，权力合理分
配，各归其所，这既是现代治理权力制衡思想的核心，又体现了现代大
学制度多元治理的思想。这也就是说，高校某项政策的制定，首先要通
过学者代表所组建的大学评议会表决。没有大学评议会通过的议案，不
得提交党委会（公立高校）/董事会（民办高校）讨论。党委会（公立
高校）/董事会（民办高校）根据国家教育政策和社会需求审议批准。
党委会（公立高校）/董事会（民办高校）所批准的各项政策，交由校
长组织行政部门具体落实。[①] 如此决策与执行有效分离，实现了民主决
策与权力制衡，体现的正是现代大学精神。换言之，在这个高校三权分
立的法人治理结构中，党委书记（公立高校）/董事长（民办高校）行
使的是类似公司中的董事长的职能，执行中国共产党的路线、方针、政
策，坚持社会主义办学方向，领导高校的思想政治工作和德育工作，讨
论决定高校内部组织机构的设置和内部组织机构负责人的人选，对高校
的发展目标和重大经营活动作出决策，维护国家的权益；校长行使的是
总经理职能，是高校法人代表，是高校的经营者、执行者，全面负责高
校的教学、科学研究和其他行政管理工作；学者们组成的评议会行使的
是监事和股东代表的职能，是高校教师的代表，有学校规章制度立法
权、监督权，全面防止高校作为学术组织的学术事务权力的异化。这就
理顺了党委书记（公立高校）/董事长（民办高校）、校长、教师的关
系，实现了管办评分离，防止了三者的缺位和错位。具体说来，党委
会/（公立高校）董事会（民办高校）的决策系统、校长会的行政系统
和评议会的立法系统这种高校三权制衡的法人治理结构，在优化高校产
权制度中的功能主要有：一是有助于激发和调动不同产权主体的积极性
并发挥各自专长；二是有助于降低交易费用，提高资源配置效率；三是
有助于增强凝聚力，促进高等教育领域内部各成员的协调统一。

---

　　① 杨克瑞、谢作诗：《人力资本产权激励与现代大学制度建设》，载《复旦教育论坛》
2015 年第 6 期，第 39～43 页。

特别需要强调的是：不论是公立高校还是民办高校，在法人治理结构创新的同时，必须始终要坚持党的领导，加强党对高校工作的全面领导，是办好高等教育的根本保证。十九大报告指出，"办好我国高等教育，必须坚持党的领导，牢牢掌握党对高校工作的领导权，使高校成为坚持党的领导的坚强阵地"。在中国，中国共产党始终代表中国最广大人民的根本利益，新时代中国必须坚持以习近平新时代中国特色社会主义思想为指导，认真贯彻落实党的十九大精神，结合坚持和完善中国特色社会主义制度、推进高校治理体系和治理能力现代化，不断改进党在高校的领导方式、提高党在高校的领导能力、完善党在高校的领导制度和体制机制。

（四）经费保障机制的创新

深化改革并建立由市场高效配置高等教育资源的间接投入体制机制，采用和导入具有高度灵活性、多样性的高等教育投资方式，优化高等教育产业投资组合结构，使高等教育能够以不断攀升的投入率与产出率、社会收益率与回报率等有关指标要素，与经济社会发展需求相适应，是逐步建立健全高校产权制度、实现高校资源要素高效配置与合理有序流动及推动高等教育事业持续健康发展的根本途径。

1. 加大间接投入，减少直接投入

政府部门应通过引入有效的市场评价机制和建立健全相关法规条例，采取增加间接投入比例、逐步缩减直接投入的方法和对策，鼓励高校产权实体合理开发利用市场资源，并激发办学热情，使其产生内在动力，充满生机活力，充分地调动高校产权主体投资办学的积极性。国家应该在政策和相关制度方面加大扶持力度，一方面，在税收、教育征地用地等方面，以多种优惠待遇和政策倾斜等有利条件，鼓励个人、社会力量、企事业单位等投资高等教育办学，并不断完善高校产权制度，以使大量的民间资本投入高等教育领域，促进高等教育蓬勃发展；另一方面，以政策扶持和财政拨款等形式，增加科研经费，充分重视和组织高校科研力量，使产、学、研紧密结合，力争在高校科研创新发展上、科研成果向产品转化上、科学技术创新转为生产力上有新的突破，以增加高校教育经费来源。

2. 加大资助力度，缩减财政拨款比例

国家和各级政府应逐步缩减对高校经费拨款的比例，并不断加大对贫困学生的资助力度；最大限度地发挥财政拨款及投入的杠杆作用，对固定成本相应地增加和扩大补贴力度和范围，对非固定成本相应地缩减经费拨款比例。

3. 加大重点投入，减少一般性高校投入比例

依据相关统计数据，对比高等教育和基础教育的经费投入比例，现阶段中国用于高校的教育经费远远超出国际平均水平，约占整体教育经费比重的25%；而基础教育生均经费比例远远落后于世界平均水平，仅占高教经费比重的0.04%。因而，国家和地方政府在增加教育经费预算上应优先重点保障基础教育，对"重中之重"的义务教育须加大力度重点投入，万万不可以在原本投入不足的义务教育上"节衣缩食"，而用省下来的经费"贴补"或以类似于"拆东墙，补西墙"的做法换取高等教育的发展。

4. 加大激励力度，削减政策刚性拨款

以高等教育指标绩效和目标效益为衡量检尺，在奖励幅度上相应适量地加大投入，并逐步削减编制定额等刚性指标和政策上的经费拨款，以使政府财政资金的倍增效应、乘法效应等充分得以放大。如高校扩招更为有效地利用市场资源并逐步向市场化发展，就可以相应地削减政府原本在高校扩招方面的财政投入，引入市场机制，借助市场配置资源的力量平衡高校毕业生的供求关系，以利于高校在扩张增量中更好地消化吸收及合理利用资源。

5. 加大公共采购，减少资金投入

在财政集中招标上最大限度地拓宽采购渠道和扩大范围，充分发挥集中采购的规模优势并扩大规模效应，使政府财政采购资金尽可能地产生最大化的使用效益。相应减少在高等教育资源上有形物资的资金货币供给，能循环使用的部分就不用货币支付。

6. 加大金融支持

从发达国家的经验来看，通过金融支持解决高校经费筹措问题是一个普遍的做法。具体说来：一是可以发行股票。发达国家许多高等教育投资公司通过上市进行直接融资，解决了自己的资金问题，并利用这些资金进行校园建设等以扩大学校规模；二是可以发行债券。如哈佛大学弗德学院 1996 年曾发行 2400 万美元的债券、耶鲁大学 2001 年曾发行 2 亿美元的债券，近几年发达国家高校发行大学债券已呈普遍增加的趋势；三是进行募捐。在发达国家，募捐已经成为各大高校经费的重要来源之一，对高校发展起到了不可替代的促进作用。有些国家的高校还成立了捐赠基金，用以吸纳小额捐赠资金进行资本市场投资，实现资金的增值。据统计，2006～2007 年度，美国大学所获得的教育捐赠中，约 55% 用于经常性费用支出，30% 用于基金的投资，15% 用于建筑物修建和仪器设备等资产的采购。

三、现阶段具体政策安排建议

高校产权制度安排优化是一个持续的过程，主要通过产权结构重组来完成，需要针对当前高校产权制度安排的现状与存在的问题，结合本国的实际国情，并借鉴其他国家的有益经验，不断完善我国当前的高校产权制度安排。而完善高校产权制度安排需要明确高校产权制度变迁的具体路径，有的放矢地促进高校产权制度安排进行重组。通过以上整体而系统的研究，本书已经通过实证和比较研究验证了高校产权制度变迁模型的科学性，最后结合模型的规划与我国的实际国情，得出的高校产权制度变迁的具体途径主要包括以下六个方面。

（一）促进高校所有权向"两极"方向发展

高校的"所有权"权能是五项基本权能组合的核心，而高等学校类别的划分也是按照所有权权利归属作为依据，根据所有权权利主体的不同分为公立高校和民办高校。现阶段，中国应该加大对现有高校产权

制度安排的调整，使其由中度可分趋向低可分性或高可分性的产权制度
安排。这是因为低可分性和高可分性下的高校产权制度安排应该会更多
地降低交易成本。在高校产权制度优化中，应该加大对民办高校的扶持
力度，甚至可以通过类似国企"抓大放小""大鱼吃小鱼"的改革办
法，让部分规模太小的高校所有权市场化或被兼并，以实现高校产权制
度总体安排从公立高校独大更趋于公立高校和民办高校数量结构安排的
最适区间或均衡点。具体说来，对于市场化水平较低的高校产权制度安
排，需要引导其朝着低可分性的高校产权制度安排调整，这样就可以充
分集中产权，从而发挥其降低交易成本的效用。如一些缺乏特色的普通
公立高校被具有较高水平的大学合并就意味着实现了产权的集中，可分
性降低，但可以使原有高校重新获得成长的空间。对于市场化水平较高
的高校产权制度安排，如民办高校、职业学院，需要引导其朝着高可分
性的产权制度安排调整，使高校所有权安排尽可能地分散，从而实现充
分竞争，实现优胜劣汰。但在此过程中，高校产权制度安排的选择要合
乎经济发展水平，不可"超前"，也不能"滞后"。高校产权制度安排
与经济发展阶段息息相关，一旦选择某一产权制度安排，需要各种管理
机制与之相匹配，同时需要与高等教育市场成熟度相一致。高等教育市
场成熟度较低时，可选择可分性较低的所有权制度安排，市场成熟度较
高时选择可分性较高的产权制度安排。中国加入世界贸易组织中遵循了
这一原则，充分根据本国市场的成熟情况对其他进入市场的主体加以控
制，从而取得了较好的效果。中国高校产权制度的变迁也可以效仿，如
在计划经济时期，中国高校产权结构可分性较低，随着市场经济的发
展，中国高校产权制度结构可分性正在不断提高，但要把握好产权结构
选择的"度"，如果"超前"高校产权改革就会形成治理空白，如果
"滞后"高校产权改革就会失去发展的机遇。

（二）扩充"使用权"权利让渡的服务项目

"使用权"权利让渡已经成为当前高等学校建设的一个新常态，当
前最为普遍的表现形式就是后勤服务的"使用权"权利让渡。高校

"所有权"权利主体可以通过外包的形式将与高校核心工作关系较远的服务外包给校外专业机构经营，形成签订"契约"条件下"使用权"权利的让渡，让专业的服务主体成为让渡出去的"使用权"权能的新权利主体，实际上也是一种形式的经营权权利让渡。高校产权制度变迁的过程中，需要重视"使用权"权利让渡这种新的产权权力结构组成形式，不仅要重视日臻完善的高校后勤服务的"使用权"权利让渡，还要在保证高校教育质量和高等教育"公益性"性质不变的前提下，扩充"使用权"权利让渡的服务项目，将这种新的权利组成形式扩展到更多高校服务之中。例如，对于高校闲置场地"使用权"的让渡就可以进行尝试，如高校的一些大型会议室、礼堂、剧场等日常闲置率较高的场地资源，高校也可以通过"使用权"权利让渡的形式将其交由校外机构管理，在不影响高校日常活动和教学的基础上，让接受权利让渡的机构更加合理地利用这些资源，从而也为高校提供一定的经费。高校之中类似的可以进行"使用权"权利让渡的服务还有很多，通过权利让渡的形式可以增强高校财产的使用效率，并为高校提供更为高质量的服务，而且不会直接影响到高校所有权的整体变化，可以说是一举多得的一种高校产权制度变迁模式。

（三）充分发挥"收益权"的激励作用

高校产权制度变迁过程中对"收益权"激励作用的挖掘具有重要作用，由于一直以来高校都遵循"不以营利为目的"的准则，高校收益权的激励作用实际上受到了忽视。但是，虽然高校要保障高等教育的公益性，但是这与获得收益是不完全冲突的，因为即使是高等教育这种稀缺资源具有公益性性质，还是需要在经营过程中争取保值、增值。高等教育阶段已经不属于义务教育，对于高等教育的需求与高校提供高等教育机会的供给会存在一个均衡条件。高校的办学质量是高校的核心竞争力，高校办学的核心就是做好教学和科研工作。但是需要注意的是，高校不同于义务教育阶段的一个显著特点，就是高校是学生从处于学校环境向社会环境的重要适应时期，高校为学生提供的服务远不止于教学和科研项目，还有日常生活服务和娱乐活动的提供等。高等学校办学过程也是一个庞大的教育市场形成的过程，每个地区的大学城都会带动一系列行业的发展，这实际上就是高校带来的实际收益。而对于高校产权中"收益权"本身来说主要有三个重组关键点，分别是对于"所有权"权利主体、"使用权"权利让渡形成的权利主体和参与高校工作的自然人所对应的"收益权"权能结构。

一是对于高校整体的"所有权"权利主体来说，要允许其拥有一定的"收益权"，要确保"非公益性"高校的投资者在进行高等教育投资之后，享有"收益"的实际权利，在保障高校办学质量不受影响的前提下获得实在的收益回馈会调动高校投资者的投资热情，从而促进更多的投资涌向高校，高校也会获得更多的发展机会。而且实际上高校发展的核心就是办学质量，为了获得持久收益，保障高校投资者实际"收益权"的获得，往往是激励高校提升办学质量的一个有力措施，2017年实行的修改后的《民办高校促进法》将民办高校分为"营利性"与"非营利性"实际上就是对"收益权"激励作用的挖掘。

二是对高校"使用权"权利让渡的新权利主体来说，接受权利让渡、签订契约通常会向学校支付一定的让渡费用，新的"使用权"权利主体需要通过自身专业的管理与运营来降低管理成本，获得属于自己的"收益权"。并不拥有实际的"所有权"，能够通过为高校师生提供服务而获得收益，是对"使用权"权利主体提升自身服务质量的一种激励作用。因为服务购买者需要衡量服务的质量而做出选择，付出费用，接受权利让渡的"使用权"权利主体多数是专业的经营者，为了能够与高校长期合作，为了获得高校校内消费者的肯定，他们进行竞争的筹码就是提供更高质量的服务，这种权利让渡实际上不只是"使用权"的权利让渡，也会随之让渡"收益权"，充分发挥收益权的激励作用。

三是对参与高校建设的自然人来说，享有一定的"收益权"会对其工作效率起到较大的激励作用。无论是公立高校还是民办高校，真正行使各项权利、履行工作职责的都是每一个工作中的自然人，高校工作者的工作热情与自身潜力的挖掘程度会直接影响高校的运行效率。虽然说高校工作者有自身的工资和绩效体系，但是对于他们的实际工作与高校整体的收益进行联系考量的却相对较少，工作人员往往只想"完成任务式"地做好眼前的工作，却缺乏自身为高校建设不断付出智慧与劳动的热情。追其原因，就是工作人员缺乏与高校兴衰融为一体的归属感，"付出更多除了使自己劳累不会获得额外收益"的思想实际上就反映了"收益权"的激励作用没有充分发挥。在高校产权制度变迁的过程中需要重视自然人的"收益权"分配，将高校办学质量和收益以一定的形式与工作的自然人进行联系，形成"奖惩制度"更有利于规范工作者的工作，提升他们的工作热情，为高校发展贡献更多的力量，从而促进高校的整体发展。

以上三个方面是高校产权制度变迁过程中，关于"收益权"权能结构重组的关键点，扩大"收益权"的权利主体范围，明确"收益权"的实际权利，可以充分发挥"收益权"的激励作用，促进高校的整体发展。

（四）建立"契约型"高校运营体系

高校在运营过程中，各项权能之间，权利主体与权利主体之间，权利主体与实际权利之间存在着各种各样的组合形式，而且受到经济、政治、高校自身发展的影响，这些组合形式也会随之不断发生变化，对高校的发展也会产生一定的影响。想要减少高校产权权利组合变动对高校整体发展的影响，比较有效的方法就是建立"契约型"高校运营体系。对于每一项权利主体与实际权利间的组合都以签订"契约"的形式进行规范，对于每一项组合变动涉及的权能、权利主体、实际权利的变动都以文字条款的形式签订在"契约"之上。无论是涉及政府、企业、个人还是其他组织的相关权利变动，都明确地进行具有法律规范的"契约"签订，无论发生怎样的变动，各方均能找到让彼此信服的"契约"条款，这样有利于高校发展趋于稳定，减少无意义的争端。高校产权制度变迁过程中，建立"契约型"高校运营体系的优越性可以参照美国高校产权制度变迁的有利经验，真正完善的"契约型"高校运营体系得以建立后,更有利于高校引入"竞争机制",与参与高校建设的企业也可以通过事先签订合法"契约"的形式对双方进行各自的约束,从而在法律的保护之下达到双方公平,共同为高校建设提供支持,促进我国高等教育市场逐步形成。建立"契约型"高校运营体系,既能带动经济的发展,也可以提升高校的办学质量,是高校产权制度变迁过程中需要得到重视的一个环节,也是促进高校产权顺利进行结构重组的一个具体途径。

(五) 保证国家水平和契约水平的一致性

国家水平和契约水平同步推进,才能有效保证中国高校产权制度绩效优化路径的通畅。这包括:一要建立国家强制力实施监管体系,保证国家力量对高校产权结构的正影响,提高国家水平。国家强制力是随着高校产权制度安排由低可分型到高可分型演变而逐渐减弱的,因此为了避免国家强制力实施的惯性,需要对其进行全方位的监管。如国家出台的《社会力量办学条例》《民办教育促进法》《独立学院设置与管理办法》《民办教育促进法实施条例》《关于鼓励和引导民间资金进入教育领域 促进民办教育健康发展的实施意见》等就是对国家强制力实施进行控制与监管,使国家水平得以提高。另外,国家强制力监管可以保证高校产权制度安排的稳定性,避免高校产权利益相关者利用寻租与政府人员串通谋利,从而利用高校产权结构的可变性来获利。二要建立完善国家、契约水平的高校产权监测预警机制,增强国家、契约行为的科学性。国家和契约在不同高校产权制度变迁中需要表现为不同的水平,其本身存在着一定的运行路径,因此需要建立起国家和契约运行的监测机制,实时监测其运行情况,对背离运行轨迹的情况做出及时调整,对可能出现的危机进行预警。三要建立高校产权制度调整优化的信息共享平台,提高契约定立及运行的信息完备度。契约的形成需要信息,信息完备度低会导致契约形成率低,因此需要加强信息流通,可以较好地防止道德风险和逆向选择的发生,降低交易成本。由于高校产权高可分性下的产权结构实现降低交易成本需要高水平契约保证，因此随着高等教育市场化的进程，高校产权制度调整优化信息平台会应运而生。

（六）完善高校产权的"内外"监管体系

高校产权制度变迁若想得到科学发展，就离不开有序的监管体系，完善高校产权的"内外"监管体系是高校产权制度变迁的另一重要具体途径。高校产权制度安排之所以要进行结构重组，就是为了促使高校向更好的方向发展，提升办学质量与整体办学水平，而进行结构重组过后是否达到了重组目标，就需要高校产权的"内外"监管体系来完成了。"外部监管体系"主要有包括两部分：一是国家的政策法律法规监管，由国家直接进行监管，这一监管主体具有绝对的权威性，虽然监管形式在不断得到调整，但是监管力度还是不容置疑的，如果能够不断跟上高校产权制度安排发展的速度进行监管调整则是较为完善的。而另一个外部监管主体实际上就是学术界一直在讨论的"第三方监管机构"，也就是热议的"管办评"分离问题，如果能够完善"管办评"分离体系，由第三方监管机构对高校产权制度变迁进行监督管理，则会更加具有公平性，也更有利于高校的发展。这两部分的监管共同构成了高校产权的外部监管体系，目前最需要完善的就是第三方监管体系的形成。"内部监管体系"主要是指学校内部的监督管理体系，内部监管体系主要是高校的监管机构进行科学合理的监管，对于高校自身监管机构的完善需要做的是对高校产权制度变迁过程中出现的新的权利组合，要尽快跟进监管机构的建设，以减少监管漏洞的出现。另外需要注意的是，高校具有"公益性"的特殊属性，需要直接满足高校师生的学术需求，那么高校师生对于高校产权制度变迁过程中出现的问题也具有一定的监管权力，需要重视公开监管的重要作用，完善内部监管体系。虽然说高校外部监管体系和内部监管体系的监管范围各不相同，监管主体也各不相同，但是其本质作用都是推进高校产权制度变迁向前发展，因此，完善高校产权的"内外"监管体系实际上是高校产权制度变迁的具体途径之一。

第二节　微观优化路径——产权的重组

产权重组本来是一个经济学的概念，是指在社会化再生产过程中企业产权的重新组合以及由此而引起的企业组织结构的调整和企业组织形式的创新过程。据此，我们可以给高校产权重组下一个定义：高校产权重组就是指高校产权的重新组合以及由此而引起的高校组织结构的调整和高校组织形式的创新过程。高校的产权重组包括两个方面：一是高校产权制度安排的多元化，即引入新的高校产权主体，如近年来高校的合并、后勤的社会改革、独立学院的设置等都属于此；二是在高校产权制度安排既定的条件下，对高校产权进行量的调整，即在高校原产权主体不变的前提下，调整产权比例关系，如截至 2014 年上半年，独立学院转设为独立设置的民办本科的 40 余所高校，其原产权主体的产权比例进行了调整，就属此类。高校产权重组的目的是确定合理的高校财产结构，合理利用不同性质的高等教育资源。进行高校产权重组，关键在于搞好高校产权界定和高校产权设置。现阶段，对中国高校产权进行重组有着极其重大的意义：一方面，高校产权的重组有助于实现高等教育资源的有效配置和高效利用。通过高校的产权重组，可以实现不同属性的教育资源流入高等教育领域，从而实现高等教育资源在全社会范围内的转移和流动，从而实现浪费的和闲置的财产被利用起来、低效的财产高效运转起来，实现高等教育资源更优配置和更好利用。另一方面，高校产权重组可以不断增强高校的竞争力。产权重组后的高校，将会实现人、财、物的更优重组，将会在人事管理绩效、财产规模和结构等方面都得到有效提升，特别是高校的法人地位、办学自主权等从制度层面进一步落实后，高校核心竞争力将会不断增强，从而有利于高校更好、更快、更强的发展。

一、中国高校产权重组的特殊性

高校产权重组不同于企业产权重组，高校产权重组在重组目的、重组方式等方面与企业产权重组都存在很大的差异。

（一）重组目的的特殊性

企业产权的重组是为了在企业中建立现代企业制度，重新塑造政府与企业的关系，通过重组资产的产权结构，建立现代企业的法人治理制度，使政企真正分开，企业成为生产经营组织，完全按照市场机制运行。企业资产产权重组的目的并不是改变资产所有权的归属，即改变资产的性质，而是改革资产的配置方式和运营方式，从而实现利润最大化的企业生产目的。与企业的营利性不同，不管是公立高校，还是民办高校，都不是以营利为目的，同样，中国高校产权的重组也不是为了追求利润的最大化，而是为了放大原来国有高等教育资产的作用。通过公立高校产权重组，以形成高校产权多元化格局，通过高校产权的运作大大增加高等教育投资本身，以为国家的教育服务为目的，不仅能够使重组后的公立高校产权充分发挥其由于对资产的多年积累而占有的绝对控股优势，同时公立高校还能以其特有的影响力控制着其他不同投资主体的资产，以便放大国家对实际高等教育资产的控制力。

（二）重组方式的特殊性

高校产权重组方式的特殊性体现在两个方面：高等教育作为国家的基础性产业、先导性产业和战略性的产业，它本身即是传递和灌输国家意识形态的重要方式。因此对高校产权进行重组时，需要紧紧把握住国家的终极所有权，其产权重组方式可采用融资方式，诸如高校和其他经济组织联合办学或合作办学，而且一般情况下不建议采用国有企业的出卖或转让的方式。在所有权主体不变的情况下，高校产权因权利主体的不同导致相应的职责范围结构在进行划分时具有不同的分割方式。由于高校是特定高等教育财产的集合实体，其财产全部服务于科研和教学，该服务对象的特殊性明显区别于企业，因此使高校资产具有了强烈的彼此依赖性，进而呈现完整性和非绝对分解性。企业产权重组往往是根据机器设备、不同工序、生产车间进行分割、租赁以及变卖，而高校的任意财产（包括图书馆、操场、实验设备等）都是教学过程中必不可少的，任何一部分财产的缺失都将导致教学过程的中断或不完整，影响整体的教学效果。因此，高校产权的分解不能简单地采用绝对量上的分解，而应更多地从权利上分解，并且是具有不可逾越或取消的前提的。

二、中国高校产权重组可能的障碍性

在对中国高校产权进行重组时，可能在思想观念上、在问题认识上存在障碍。具体说来，可能会至少存在两个方面的障碍：一是认为高校产权重组中国有资产会流失；二是高校产权重组后国家对高等教育领域的影响力会减弱。这两种认识都是错误的。具体说来，一方面，要强调高校产权的重组不等于国有资产的流失，公立高校产权的重组其实质是要实现高校财产的保值增值，并没有使国家所拥有的国有资产流失，只是换了一种形式，即由实物形式变成了货币形式；相反，如果公立高校的财产处于一种闲置状态，那么，不仅这部分产权没有发挥应有的作用或者不起作用，而且正在损耗、浪费，甚至将这些国有财产私底下个人瓜分了或者被某些人非法侵占了，这种国有产权所处的状态，才是真正的国有财产流失。目前，中国所面临的主要问题高等教育资源的配置低效与利用有限相并存。即在高等教育资源投入不足、高校面临资源短缺的局面同时，高校资产的闲置、浪费现象十分突出。所以，为了借助于高等教育领域内的融资和管理手段和方式的更新的组合和采用，当前中国应该引入高校产权重组机制。比如某高校现急需投资 30 亿元，让地方政府为其拨这一巨款显然是不可能的，但只要给政策，允许某一投资主体介入，就不愁筹不到资金。这样的"重组"，使原国家拥有的高校产权份额减少（缩小），但原拥有的高校资产不但没有流失、减少，而且能更充分发挥了其潜在作用。可以说，公立高校产权重组的最好方式，是吸引融资，而不是出卖或转让。另一方面，公立高校产权重组将放大原来国有高等教育资产的作用，而不是缩小。通过高校产权重组，可以对存量资产进行一系列的评估、整合、扩大资产的增量，吸引社会力量融资，实现投资主体多元化，高校产权的重组与国有高等教育资产的作用的大小并不一定是成比例的，高校产权的重组就是要让原有的闲置的、浪费的资源重新投入到高等教育领域，实现资源配置最优化、资源利用最大化，同时通过高校产权重组实现管理效益最大化，这样反而能够帮助国有资产实现自身的不断扩大与增长，国有资产从而也就相应地实现了保值增值。通过高校产权的重组，可以利用更少的国有资产来撬动更多的社会闲散资本，解决高等教育领域内投入不足的问题。比如，公立高校改为股份制高校后，假设国家股权比例占比为51%，同样能控制这所高校100%的高校财产，通过财务杠杆效应，产权多元化后国家以一半的财产控制了全部的财产，这就相当于国家对财产的实际控制力有效提高了，这就是通过高校产权重组变革所带来的高等教育投资绝对量增大的现实意义。在实施高校产权重组的过程中，我们一定要保证国有高等教育投资资产的绝对或相对控股权优势，以使国有资产能够以自身的影响和效力主导着高等教育领域资源的发展方向，保障国家对高等教育领域内国有资产的作用不断的增强。这既有利于中国的高等教育多元化的目的，又能够增加高校财产的运营效率。

三、中国高校产权重组的模式选择

高校产权重组实际上就是把高校中有关国家、集体和个人的混合投资，以产权的形式重新组合起来，以发挥资源配置的最佳效益和优势。《中华人民共和国高等教育法》第十二条规定："国家鼓励高等学校之间、高等学校与科学研究机构以及企业事业组织之间开展协作，实行优势互补，提高教育资源的使用效益。国家鼓励和支持高等教育事业的国际交流与合作。"目前，校企合作办学模式、校银合作办学模式、校办产业办学模式、中外合作办学模式、股份制办学模式、集团化办学模式、混合制办学模式等模式都是中国高校产权重组的有益尝试。

（一）校企合作办学模式

校企合作办学模式不同于校企合作。如果说校企合作可以在高校人才培养的各个环节都可以实现的话，那么校企合作办学模式重在强调高校办学的产权形式。具体说来，校企合作办学模式是以确立和完成一个项目而签订契约进行校企合作办学的模式，是一种可以有股权也可以无股权的合约式的高校产权重组模式。高校和企业合作双方的权利和义务，包括投资或者合作条件、收益、风险和亏损的分担、经营管理的方式和合作终止时财产的归属等事项，均由高校和企业合作双方共同协商，并在合作协议、合同中加以约定。合作双方签署的合同，经审批机关批准后，受国家法律保护，双方均应按合同的约定履行义务。校企合作办学可以是双方共同出资共同获利，如大学城建设。中国的大学城一般是由国家、地方政府、高校和企业等多方合作而共同构建的。企业出资办学，实行"校企共建，高校为主，各校合作"的运行机制。大学城从资金投入、基本建设到经营管理、后勤服务都采用市场化的运行机制，如廊坊东方大学城、上海松江大学城。另一种校企合作的方式是建设大学科技园区。从 2000 年首批国家大学科技园建立到 2013 年，已有 94 家国家级的大学科技园通过国家认定。该种模式的特点有二：一是校产所有权与使用权分离，校产方与办学方互不干扰；二是后勤服务与高等教育管理分开，各司其职，扬长避短。这是一种新的办学机制，产权的重新组合，使得高校最初置办产业的启动经费得以解决，且开办后也没有后勤机构的拖累，这无疑会鼓励和吸引更多的企业与高校合作办学。

（二）校银合作办学模式

校银合作办学模式是指商业银行通过信用形式向高校提供贷款服务。"校银合作"在中国高校发展中十分常见，且贷款规模在 1999 年高校并轨扩招后日益庞大。如前所述，目前中国公立高校贷款规模已经高达 2600 亿元，几乎所有的高校都有贷款。吉林大学、广东工业大学、

郑州大学、南昌大学、广州大学这五所高校中每所高校的贷款规模都在
20 亿元以上。高校在基建等重大项目上往往存在着巨额的资金缺口，
依靠政府投入和高校自筹经费的方式都无法解决，所以，商业银行向高
校提供贷款就成为一种必然。更重要的是中国公立高校属于国有性质，
银行贷款没有后顾之忧。所以银行愿意贷款，高校也放心花钱。根据国
务院领导同志批示要求，为进一步规范教育部直属公立高校银行贷款行
为，控制贷款规模，防范财务风险，按照教育部和财政部《关于进一步
完善高等学校经济责任制，加强银行贷款管理，切实防范财务风险的意
见》《关于进一步加强直属高校资金安全管理的若干意见》等文件精
神，教育部从 2005 年 1 月 1 日起，建立直属高校银行贷款审批制度。
但是，对于公立高校来说，校银合作是一种必然选择。

（三）校办产业办学模式

校办产业是指由学校创办或控股的以营利性为目的的公司企业，是
高校通过校办产业增加办学经费的一种模式。这类的企业挂有相应高校
的名号，但一般有其独立的管理与核算系统，不与高校的行政挂钩，只
是在业绩上会上缴全部或部分利润给高校。中国高校的校办企业，常常
以某某大学出版社、某某大学公司等名称出现，对高校和企业都是一种
有效的宣传，如根据教育部科技发展中心提供的《中国高等学校校办产
业统计报告》数据，2011 年北大资产经营有限公司、清华控股有限公
司、东北大学科技产业集团有限公司位列前三强，其资产总额均超过百
亿元。清华紫光、清华同方、北大方正等校办企业上市后也都发展得很
不错，对高校教学、科研、服务社会等都做出了很大的贡献，这也是解
决高校办学经费不足难题的一种有效途径。

（四）中外合作办学模式

中外合作办学模式是在 20 世纪 90 年代在中国逐渐开展的一种中外
共同投资办学的模式。据 2014 年 11 月 10 日开幕的"大学校长圆桌会
（深圳）暨第五届全国中外合作办学年会"数据，截至目前，全国经审

批机关批准设立的中外合作办学机构、项目已达 2063 个，在校生规模约为 55 万人；中外合作办学毕业生已经超过 150 万人。近几年，中外合作办学在适度发展规模的同时，以质量建设为工作重点，监管体系日益完善，"管办评分离"逐步推行，治理体系现代化和质量建设工程有力推进，学生满意度和社会认可度不断提升，中外合作办学沿着高水平示范性的方向持续健康有序发展。同时，中外合作办学发展过程中，也存在一些急需解决的问题，如一些办学单位动机不纯，中外合作办学的公益性未能得到体现；一些中介机构包办代替，中外双方实质性合作难以实现；国外大学在中国境内开"连锁店"的现象比较突出，办学质量难以保证等深层次矛盾和问题。在新的形势下，中外合作办学的工作重点应进一步从规模扩大、外延发展向质量提升、内涵建设转移。教育行政部门、有关高等学校和中外合作办学机构、项目应从实际出发，统筹规划、依法管理；严把引进资源"入口关"，严格审批；加强办学过程监管，完善质量保障体系；充分运用教育现代化、信息化技术，建立和完善信息化管理工作平台和信息公开机制。

（五）股份制办学模式

股份制是指高校和社会团体、企业、个人按照股份制模式筹措教育经费的办学模式。股份制办学模式源于股份制公司模式，我们也可将其视为股份制在高等教育领域的一次探索性实践。高校股份制办学模式指的是：以集资参股等方式获得和拥有高校资源要素的使用权，按实际拥有股份比例配息并承担相应有限的责任和风险，实行高校董事会领导下的校长负责制、以高校法人主体从事相关教育教学经营管理为主的现代大学制度。需要说明的是，这种股份制中持股配额利息不允许分红，但可以积累、累计进行再投入并用于办学。这实际上是向企业股份制改革学习，以股份制为手段，以高校为载体，融合社会资金办高等教育，分离高等教育资产的所有权与经营权，平衡资本逐利性与高等教育公益性矛盾的一种新尝试。股份制高校的生成方式主要有两种：一是改制，二是新建。所谓改制，是指以现有的公立或者民办高校为载体对于办学体制进行转变。所谓新建，简单来说就是以前没有的，不存在改制的载体，而直接以股份制模式建立。从出资渠道角度来看，可以把股份制学校分为五类。一是自然人合股型。组建方为自然人联合出资。二是法人合股型。组建方为已取得法人资格的社会团体或企业、事业实体单位联合出资。三是法人与自然人合股型。为法人单位（或社会团体）与自然人共同的混合投资。四是政府为主导的"公""民"混合型，举办方为法人单位或自然人参与的、以政府机关主管单位为主导的类型。五是资本业务互补型。这是由于有些举办者有资本，但缺乏高等教育管理经验，因此邀请高等教育行家或高校参股联办。而高等教育行家或高校苦于少有资金，以智力、管理水平与业务水平参股管理，构成资金与业务的互补型合股。股份制办学的优势主要表现在以下几个方面。第一，促进了高等教育资源开发与配置的优化。第二，减轻政府对高等教育投入不足的困难。高等教育是一个需要高成本投入的产业，仅靠政府单方面的投资肯定是不行的。第三，降低高等教育投资风险。在中国目前高等教育"不得以营利为目的"的背景下，投资高等教育有一定的政策风险，而政府的投入实际上也相当于"风险基金"，不但使单个股东承担的实际投资风险大大减少，而且由于风险范围的缩小引起潜在投资者风险态度的改变，从而极大地开发出整个社会的投资潜力，使全社会整体高等教育投资能力提高。第四，提高高校的融资能力。高等教育股份制为高校的健康发展提供了安全稳定的资金环境，它可以增股扩股，满足资金需求，能够极大地调动公众高等教育投资的积极性，从而使全社会高等教育投资的整体能力大大提高。进行股份制办学模式的创建应从以下几个角度着手。第一，营造良好的投资、融资环境，构筑相应的、科学的、可操作性强的保障体系，保障投资人利益，解决高等教育融资"瓶颈"问题。第二，科学管理，创新市场，拓展高等教育投资的宽度与深度。第三，建立良好的用人机制、激励机制、科学的资金管理与分配机制。第四，进一步扩大办学自主权，创建能够使资本增值，"营利"的办学环境。第五，建立完善的监督机制，保证高等教育市场的和谐发展。股份制办学是一种全新的办学模式，它的出现是高等教育改革的必然趋势。因为市场经济的发展极大地激发了人们对高等教育的需求，原有的高等教育运行方式无法适应社会的发展，企业股份制改革的成功实施使人们找到了股份制与高等教育的结合点。而且实行股份制办学，能够更新投资机制，聚集社会闲散基金，充分体现高等教育股份制的生命力。

（六）集团化办学模式

集团化办学也是中国高校产权重组可选模式之一。它主要有两种形式，一种是全民所有制教育产业集团办学，高校属自收自支全民所有制事业单位所有，其办学模式为"国有非国投国营"，即高校财产归国有，适当引入市场机制和民营机制，全部用于办学所需，学校拥有高度办学自主权。另一种为私人所有制教育集团办学，高校归私人或团体投资者所有，其办学模式为"国有非国投民营"，这种办学体制将会有较大的发展前途，对办学体制的改革与创新起到推动作用。集团化办学的主要优势如下：一是品牌优势。发挥高等教育品牌效应，吸引优质生源。二是体制优势。高等教育集团产生并发展壮大于市场经济，因此它最了解社会的需要，对市场反应最敏感，它完全根据社会需求来培养所需人才，顺应时代的发展而变化，这是民办高等教育集团具有强大生命力的基础。三是科研优势。集团化办学以集团内的高校为载体，可以充分利用多方资源进行优势互补。四是规模优势。组建高等教育集团，统一采购、统一宣传、统一对外联络、统一拓展，可以将大的品牌做得更好更强。而办学规模的扩大保证了资金的来源，对于降低办学成本、提高效益、保证集团内各高校的均衡发展有重要意义。不同的高等教育集团是有着不同的产权基础的。其产权基本结构包括了集团所有权、经营权和高校法人财产权。另外，由于集团中的法人财产权是相对独立的，集团的初始投入资产归原投入者最终所有，而高校法人财产的积累在集团运行期间归高校法人所有，集团享有各法人高校剩余财产的剩余索取权，当然这是按照一定的比例进行分割的，而这部分剩余也就成为各投资人分享回报的剩余。随着教育投资体系的多元发展和高等教育内部办学体制改革的深化，集团高校来自高等教育内部的竞争日益加剧，来自高等教育外部的要求也越来越高，高校必须尽快转变教育观念，适应市场需求。学习和借鉴现代企业的经营理念，走集团化经营的路子，实现集团化办学是改革和发展教育的重要途径。

（七）混合制办学模式

1.“公立民办”办学模式

这一办学体制是在原公立高校基础上的改制，其基本体制为“高校国有、校长承办、经费自筹、办学自主”。其高校产权制度安排为高校固定资产属于国有资产，要保证国资的保值增值、不得流失，高校离退休人员工资由政府承担，其他为高校所有，由校长承办；校长为法人代表；高校通过收取学费解决办学经费；校长有人事、财务、教育教学改革等权利。比如，大学母校为公有制学校，二级学院为国有民办高校，以及创办几所专科制高校联合组办国有民办高校等模式。

2.“民办公助”办学模式

这是指政府将一些办不下去的公办高校转交给民间机构或个人经营管理而形成的一种模式。这类高校的典型有黑龙江东亚学团。该学团是在齐齐哈尔第一机床厂职工机电学院的基础上发展起来的，其最大特点是兼具公办与民办优势于一身。转制学校的教师都按照公立高校教师给予编制和待遇，在诸如医疗、保险、职称等问题都和公立高校教师一样，这样解决了民办高校发展中的一个棘手难题。而采用民办机制运营有利于提高学校的办学效益，由于政府不给资助，或者只给极少的补贴，高校的发展必须依靠自身，这就促使转制高校重视质量和生源以谋求发展。

“公立民办”或“民办公助”，既节省了政府财力，又办好了高等教育事业，对国家、社会和民间办学者都是利大于弊，是一个多赢选择。

参 考 文 献

[1] 安婧：《我国股份制民办高校的产权配置研究》，载《求知导刊》2015 年第 7 期。

[2] 保罗·热尔博、杨克瑞、张斌贤：《欧洲近代大学与政府的关系》，载《河北师范大学学报（教育科学版）》2012 年第 5 期。

[3] 蔡永鸿、宋明：《民办高校产权制度现存问题与改革对策研究》，载《时代金融》2015 年第 3 期。

[4] 曹勇安：《民办高校产权制度改革的实践与思考》，载《浙江树人大学学报》2006 年第 6 期。

[5] 柴纯青：《民办教育产权问题何以倍受瞩目》，载《教育与职业》2006 年第 25 期。

[6] 陈霞：《论我国民办教育产权制度的完善》，载《常州信息职业技术学院学报》2008 年第 1 期。

[7] [美] 道格拉斯·C. 诺思：《经济史中的结构与变迁》，陈郁译，上海人民出版社 1994 年版。

[8] 邓清：《关于我国公办高校产权改革的若干思考》，载《考试周刊》2012 年第 7 期。

[9] 丁明鲜：《教育产权研究综述》，载《四川师范大学学报（社会科学版）》2006 年第 4 期。

[10] 范先佐：《教育的低效率与教育产权分析》，载《华中师范大学学报（人文社会科学版）》2002 年第 3 期。

[11] 冯换兵：《民办高校产权问题分析及对策研究》，载《当代教育论坛》2006 年第 23 期。

[12] 付八军：《民办高校"产权明晰"新解——美国股份制公司带来的启示》，载《当代教育论坛》2007 年第 7 期。

[13] 付廷臣：《教育产权的构造形成及其经济学阐释》，载《教书育人（学术理论）》2004 年第 3 期。

[14] 甘德安：《高等教育产权体制变革与政府职能转变》，载《现代教育科学（高教研究）》2005 年第 2 期。

[15] 高鸿业：《西方经济学》，中国人民大学出版社 2007 年版。

[16] 高金岭：《教育产权制度研究——基于新制度经济学的分析框架》，博士学位论文，北京师范大学，2004 年。

[17] 高山：《教育产权视角下的高校财务治理研究》，载《财务与金融》2011 年第 3 期。

[18] 高月勤：《我国"择校热"背后的教育产权制度透视》，载《东方教育》2014 年第 6 期。

[19] 龚大春：《论我国民办高校产权机制的建构》，载《中国电力教育》2010 年第 27 期。

[20] 关光辉：《我国公立高校产权运行机制分析》，载《科学与管理》2009 年第 5 期。

[21] 郭俊峰、李炎：《人力资本产权视野下高校教师流动机制构建策略研究》，载《中国成人教育》2017 年第 8 期。

[22] 韩意：《民办教育产权归属问题》，载《合作经济与科技》2010 年第 22 期。

[23] 杭永宝：《教育产权制度问题与对策》，载《教育发展研究》2004 年第 7 期。

[24] 何国伟：《教育经济学研究前沿之思——基于教育产权的逻辑起点》，载《安顺学院学报》2012 年第 2 期。

[25] 洪源渤：《我国高等教育产权研究综述》，载《中国电力教育》2010 年第 32 期。

[26] 黄志兵：《基于反公地悲剧的教育产权制度改革研究》，载《高校教育管理》2008 年第 5 期。

［27］黄志兵：《教育产权的现状与发展趋势分析》，载《上海教育科研》2009年第9期。

［28］［美］加里·D. 利贝卡普：《产权的缔约分析》，陈宇东译，中国社会科学出版社2001年版。

［29］贾建国：《我国民办高校产权的新制度经济学分析》，载《中国高教研究》2011年第7期。

［30］蒋涛：《论公立高校产权的明晰》，载《教育探索》2011年第10期。

［31］靳希斌：《教育产权与教育体制创新——从制度经济学角度分析教育体制改革问题》，载《广东社会科学》2003年第2期。

［32］克里斯多弗·查理、张斌贤、杨克瑞：《近代大学模式：法国、德国与英国》，载《大学教育科学》2012年第5期。

［33］［美］罗纳德·H. 科斯：《财产权利与制度变迁——产权学派与新制度学派译文集》，刘守英译，格致出版社2014年版。

［34］李才：《民办高校产权制度改革的实践与思考》，载《教育发展研究》2006年第18期。

［35］李建军：《我国民办高校产权现状的分析与产权明晰的思考》，载《教育与职业》2008年第24期。

［36］刘阁阁：《我国高校产权制度绩效提升路径研究》，硕士学位论文，沈阳师范大学，2015年。

［37］刘功成：《混合型高校产权制度探析》，载《湖北财经高等专科学校学报》2010年第6期。

［38］刘晖：《论保护教育产权与优化教育资源配置》，载《高教探索》2004年第4期。

［39］刘辉雄：《高校合作办学风险的后大众化反思——兼论多元产权办学制度的探索》，载《教育与考试》2017年第3期。

［40］刘全齐：《国内外高校产权关系对独立学院产权关系的启示》，载《内蒙古科技与经济》2009年第13期。

［41］刘侠：《民办高校产权管理法律法规的现状、实践与建议》，

载《北方工业大学学报》2016 年第 12 期。

[42] 刘侠：《民办高校产权权益认识调查分析》，载《北方工业大学学报》2017 年第 8 期。

[43] 刘侠：《我国民办高校产权管理的困境及策略》，载《高校教育管理》2013 年第 4 期。

[44] 刘湘玉：《明晰教育产权促进教育体制改革与创新》，载《中国高教研究》2005 年第 9 期。

[45] 刘晓：《民办教育产权问题探析》，载《湖南行政学院学报》2006 年第 4 期。

[46] 刘宇舸：《国有高校产权制度创新初探》，载《江苏高教》2004 年第 4 期。

[47] 刘元芳：《个人教育产权与大学治理》，载《现代教育管理》2011 年第 11 期。

[48] 刘增奇：《关于建立高等教育产权会计的思考》，载《西北农林科技大学学报（社会科学版）》2007 年第 6 期。

[49] 娄亚：《市场经济条件下我国民办教育产权问题初探》，载《集团经济研究》2007 年第 21 期。

[50] 罗向阳：《教育产权：一种基础性的教育制度》，载《国家教育行政学院学报》2006 年第 3 期。

[51] 马丽莉：《从教育的产品属性看我国民办高等教育产权问题》，载《学理论》2010 年第 32 期。

[52] 马楠：《我国民办高校产权问题研究》，载《黑龙江教育（高教研究与评估版）》2009 年第 5 期。

[53] 马玉梅：《我国民办教育产权运行机制研究》，博士学位论文，山东师范大学，2006 年。

[54] 马振涛：《湖南省民办高校产权合理回报问题研究》，博士学位论文，中南林业科技大学，2012 年。

[55] 南旭光：《GHM 理论视角下的教育产权制度问题及对策》，载《复旦教育论坛》2007 年第 5 期。

[56] 南旭光:《基于 G - H - M 理论的教育产权制度缺陷及优化》,载《云南师范大学学报(哲学社会科学版)》2008 年第 2 期。

[57] 宁本涛:《中国民办教育产权研究》,齐鲁书社 2003 年版。

[58] [美] 奥利佛·E. 威廉姆森:《交易成本经济学》,李自杰译,人民出版社 2008 年版。

[59] [美] 奥利弗·E. 威廉姆森:《资本主义经济制度——论企业签约与市场签约》,段毅才译,商务印书馆 2002 年版。

[60] 乔伟:《浅议现代化教育产权制度的构建》,载《文艺生活》2009 年第 4 期。

[61] 阚海宝:《民办高校产权的法律保护》,载《教育探索》2006 年第 12 期。

[62] 阚海宝:《民办高校产权的制度完善与创新》,载《教育与职业》2009 年第 17 期。

[63] 任传城:《我国公立高校产权变革分析》,载《法制与社会》2011 年第 17 期。

[64] 任传城:《我国公立高校产权特征分析》,载《东方企业文化》2012 年第 3 期。

[65] 任增元:《教育产权研究:价值与方向——对〈教育产权:研究的误会〉的辩证理解》,载《中国高教研究》2010 年第 10 期。

[66] 任志新:《我国民办高校产权明晰的路径思考——基于我国现行法律法规的产权明晰现状分析》,载《齐齐哈尔工程学院学报》2016 年第 3 期。

[67] 任志新、尹晓岚:《我国民办高校产权明晰的路径思考——基于我国现行法律法规的产权明晰现状分析》,载《教育探索》2015 年第 12 期。

[68] 沈美媛:《探析民办高校产权及其对学校管理体制的影响》,载《教育与职业》2006 年第 26 期。

[69] 沈有禄:《狭义民办教育产权的基础何在——明晰民办学校财产权的主体与权能》,载《扬州大学学报(高教研究版)》2004 年第

2 期。

[70] 石子伟:《公民合办型高校产权构成及界定探析》,载《决策与信息》2011 年第 1 期。

[71] 苏良亿:《打开教育的天窗——〈教育产权制度研究——基于新制度经济学的分析框架〉评介》,载《广西师范大学学报(哲学社会科学版)》2005 年第 2 期。

[72] 孙东萍:《民办高校产权和合理回报问题研究》,载《经济研究导刊》2011 年第 13 期。

[73] 孙绵涛:《大学治理:治理什么,如何治理》,载《教育研究》2015 年第 11 期。

[74] 孙绵涛:《当代中国教育改革的基本经验》,载《现代教育管理》2015 年第 4 期。

[75] 孙绵涛:《教育现象的基本范畴研究》,载《教育研究》2014 年第 9 期。

[76] 孙绵涛:《内引发展式:学校改革发展的内在诉求》,载《中国教育学刊》2016 年第 12 期。

[77] 孙绵涛:《现代教育治理的基本要素探析》,载《中国教育学刊》2015 年第 10 期。

[78] 孙绵涛:《现代教育治理体系的概念、要素及结构探析》,载《教育研究与实验》2015 年第 12 期。

[79] 孙绵涛:《中国教育改革怎么改——学理分析与实践反思》,载《教育科学研究》2011 年第 3 期。

[80] 孙绵涛、王刚:《我国现代学校制度建设的成就、问题与对策》,载《教育研究》2013 年第 11 期。

[81] 孙平:《高校后勤多元产权机制探析》,载《高校后勤研究》2015 年第 6 期。

[82] 汤保梅:《教育产权理论对民办高校运作的启示》,载《中州大学学报》2011 年第 2 期。

[83] 唐文焱:《独立学院的教育产权问题探析》,载《时代文学》

2007 年第 5 期。

[84] 陶润润：《我国民办高校产权问题研究》，硕士学位论文，安徽农业大学，2007 年。

[85] 铁永功：《明确产权收益激活高校科技成果》，载《中国高新技术产业导报》2016 年第 8 期。

[86] 万卫：《我国民办教育产权分割的方式及其逻辑》，载《现代教育管理》2014 年第 4 期。

[87] 万卫：《我国民办教育产权政策的稳定和变迁——基于"间断—平衡"理论的分析》，载《江苏高教》2013 年第 1 期。

[88] 王凤娥：《中美教育案例比较研究——兼论教育产权与民办教育的发展》，载《沈阳工程学院学报（社会科学版）》2006 年第 4 期。

[89] 王官诚：《教育产权问题研究》，哈尔滨工程大学出版社 2008 年版。

[90] 王官诚：《我国公立高等教育产权制度的弊端与对策探析》，载《四川师范大学学报（社会科学版）》2008 年第 1 期。

[91] 王官诚：《我国教育产权的提出：意义、问题与重组》，载《教育导刊》2009 年第 11 期。

[92] 王寰安：《我国高校产权制度安排分析》，载《清华大学教育研究》2008 年第 4 期。

[93] 王立安：《建立艺术高校产权转让体系·为创意产业开道》，载《包装世界》2010 年第 4 期。

[94] 王敏：《非义务教育的民办教育产权制度的研究》，载《职业时空（综合版）》2007 年第 1 期。

[95] 王贤德：《民办高校产权问题研究述评》，载《浙江树人大学学报》2014 年第 4 期。

[96] 王一涛：《论公益性民办高校产权制度的构建》，载《中国高教研究》2010 年第 9 期。

[97] 王一涛：《民办高校产权：分析框架的初步建构及应用》，载《华中师范大学学报（人文社会科学版）》2009 年第 3 期。

［98］王一涛：《民办高校产权：概念的阐释及分析框架的建构》，载《现代教育科学（高教研究）》2010 年第 4 期。

［99］王振朋：《从产权经济学看民办高校产权的生成及其运行机制》，载《浙江树人大学学报》2011 年第 4 期。

［100］魏海苓：《论现代产权制度下的我国公立高校产权改革》，载《现代大学教育》2005 年第 4 期。

［101］邬大光：《教育产权的产生、运行与大学组织》，载《教育与经济》2005 年第 2 期。

［102］吴华：《地方实施民办教育新政要坚持市场取向的变革方向》，载《教育发展研究》2017 年第 2 期。

［103］吴华：《公办教育能够保障教育公平吗？——基于"俱乐部模型"的观察与分析》，载《华东师范大学学报（教育科学版）》2017 年第 3 期。

［104］吴华：《新法实施的担忧与期待》，载《教育与经济》2016 年第 12 期。

［105］吴华、王习：《营利性民办学校应该享受税收优惠》，载《中国教育学刊》2017 年第 3 期。

［106］吴华、章露红：《对民办学校分类管理"国家方案"的政策风险分析》，载《中国高教研究》2015 年第 11 期。

［107］吴顺恩：《新时期校企产权制度改革探讨》，载《中国高校科技》2015 年第 3 期。

［108］吴云勇：《中国高校产权制度创新路径研究》，载《教育研究》2015 年第 8 期。

［109］吴云勇：《新时代高等教育内涵式发展探索》，载《内蒙古社会科学》2018 年第 1 期。

［110］徐警武：《论我国公立高校产权的行政化及其"去行政化"》，载《江苏高教》2013 年第 3 期。

［111］徐美银：《民办高校产权现状分析》，载《科学与管理》2007 年第 5 期。

［112］徐文：《教育产权概念解析》，载《武汉市经济管理干部学院学报》2005 年第 3 期。

［113］徐文：《教育产权论》，博士学位论文，华中师范大学，2004 年。

［114］徐文：《我国现行教育产权制度的弊端与对策》，载《教育与经济》2005 年第 3 期。

［115］徐绪卿：《当前民办高校产权问题研究与实践的思考》，载《黄河科技大学学报》2010 年第 3 期。

［116］徐战平：《产权属性多元化高校财务管理系统风险探析》，载《商业会计》2015 年第 10 期。

［117］许南：《我国民办高校产权归属及投资回报文献综述》，载《长沙大学学报》2009 年第 6 期。

［118］杨克瑞：《从利益合谋到权力监督：中国现代大学制度的变革分析》，载《北京教育（高教）》2011 年第 12 期。

［119］杨克瑞：《教育产权：研究的误会》，载《教育发展研究》2007 年第 7 期。

［120］杨克瑞：《中国高校的权力结构与监督模式》，载《清华大学教育研究》2010 年第 4 期。

［121］杨克瑞、成伟：《市场经济与现代教育：政府购买公共服务背景下的体制突围》，载《当代教育科学》2017 年第 10 期。

［122］杨克瑞、李广海：《再论教育的市场化》，载《中国教育学刊》2015 年第 3 期。

［123］杨克瑞、欧阳金依：《辽宁省民办高等教育发展的政府扶持策略研究》，载《当代教育实践与教学研究》2016 年第 3 期。

［124］杨柳：《建立多元化的高等教育产权探析》，载《南都学坛》2010 年第 6 期。

［125］杨柳：《教育产权改革势在必行》，载《南阳师范学院学报》2009 年第 11 期。

［126］杨柳：《市场经济条件下的教育产权改革》，载《合作经济

与科技》2010 年第 1 期。

[127] 杨挺：《教育产权概念的经济学分析与现实法律思考》，载《教育与经济》2013 年第 5 期。

[128] 杨尧忠：《法律规范的变迁与民办教育的健康发展——论民办高等教育产权制度的完善》，载《常州大学学报（社会科学版)》2013 年第 3 期。

[129] 杨尧忠：《民办高校产权清晰问题的评析》，载《北京城市学院学报》2007 年第 6 期。

[130] 杨尧忠：《明晰民办高校产权乃当务之急》，载《长江大学学报（社会科学版)》2008 年第 1 期。

[131] 杨英翔：《教育产权及回报初探》，载《出国与就业》2011 年第 17 期。

[132] 张昌辉：《我国民办教育产权的基本架构——对现行民办教育产权相关政策法规的研究》，载《决策探索》2013 年第 20 期。

[133] 张纯厚：《高等教育大众化、普及化与中美高校产权和教育质量问题》，载《西南大学学报（社会科学版)》2017 年第 3 期。

[134] 张汉昌：《从"阿尔钦之迹"看教育产权制度的改革与创新》，载《南阳师范学院学报（社会科学版)》2007 年第 1 期。

[135] 张利国、程文：《从实然到应然：论非营利民办高校的产权构建》，载《现代教育管理》2016 年第 9 期。

[136] 张万朋：《进行教育产权制度创新促进教育市场发育》，载《中国高教研究》2003 年第 6 期。

[137] 张万朋：《试论我国高校合并与高等教育产权流动的深层矛盾》，载《教育与经济》2004 年第 3 期。

[138] 张西莎、郑海帆：《基于产权明晰的政府资助民办高校的政策探析》，载《科教文汇》2016 年第 2 期。

[139] 张晓红：《我国民办高校产权问题现状及对策分析》，载《中国科技论坛》2010 年第 10 期。

[140] 张丫：《产权理论视域下高校非经营性国有资产管理问题研

究》，载《行政事业资产与财务》2017年第1期。

[141] 赵亮：《自生能力：我国公立高校产权改革的新视角》，载《现代教育科学》2017年第9期。

[142] 赵庆年：《第三部门视野中的教育产权分析》，载《煤炭高等教育》2003年第2期。

[143] 郑继汤：《产权制度变革的法经济学分析——以中国宪法修正案为例》，载《学习论坛》2017年第3期。

[144] 钟涛：《我国教育产权的性质与功能浅析》，载《湖南工程学院学报（社会科学版）》2006年第3期。

[145] 周洪新、杨克瑞：《教育资源配置中政府的责任》，载《教育发展研究》2014年第1期。

[146] 周晖：《广东省民办高校产权问题初探》，载《教育与职业》2011年第36期。

[147] 庄西真：《职业技术教育产权多元化的变革与政府干预》，载《教育科学》2001年第2期。

[148] Akiyoshi Yonezawa. Further Privatizationg in Japanese Higher Education International Higher Education. Boston College, 1998.

[149] Allen Jim. Competencies, Higher Education and Career in Japan and the Netherlands. Springer, 2007.

[150] Attiat F. Oh and Keith Hartley. Privatization and Economic Efficiency. Edward Elgar, 1991.

[151] Carl J. Dahlman. The Open Field System and Beyond: A property rights analysis of an economic institution. Cambridge University Press, 2008.

[152] Charles Bird. Higher education in Germany and England. The Classics, 2013.

[153] Charles T. Clotfelter. Economic Challenges in Higher Education. The University of Chicago, 1991.

[154] Daniel J. Kevles. Principles, property rights, and profits: Historical reflections on university/industry tensions. Accountability in Research,

April 2001.

[155] Finn Valentin, Rasmus Lund Jensen. Effects on academia-industry collaboration of extending university property rights. The Journal of Technology Transfer, March 2007.

[156] Frideman M. Public school: make them private. Network News and Views, 1995.

[157] Gary D. Libecap. Contracting for Property Rights. Cambridge University Press, 1990.

[158] Hannabuss S. Intellectual property rights and university employees. Library Review, March 2001.

[159] Harvey M. Who owns America? Social conflict over property rights. The University of Wisconsin press, 1998.

[160] Jamie P. Merisotis. Who Benefit form Higher Education? Ineternationa Higher Education, February 1998.

[161] John Sperling. For-profit Higher Education. Transaction Publishers, 1997.

[162] Masayoshi, Sumida. Intellectual Property Rights in Japan – IP Education at Kindergartens Affiliated with Tokai University. Japan Spotlight, June 2006.

[163] Oliver D. Hart. Property Rights and the Nature of the Firm. Journal of Political Economy, June 1990.

[164] Philip G. Altbach. American Higher Education in the Twenty – First Century: Social, Political, and Economic Challenges. Johns Hopkins University Press, 2011.

[165] Pilip. G. Altbach. Private Prometheus: Private Higher Education and Development in the 21st Century. Greenwood Publishing, 1999.

[166] Robert E. , Roger E. . University Governance: A Property Rights Perspective. The Journal of Law and Economics, February 1988.

[167] Robin Butlin. The open field system and beyond: A property

rights analysis of an economic institution. Journal of Historical Geography, March 1982.

[168] William K. Cummings. Education and Equality in Japan. Princeton University Press, 2014.

[169] Wolfe, Barbara L, Samuel Zuveskas. Nonmarket outcomes of schooling. International Journal of Educational Research, June 1997.

后　　记

本书为国家社科基金教育学一般课题：中国高校产权制度变迁及绩效优化路径研究（BFA130037）的最终成果之一，感谢国家社科基金的资助。

在写作过程中，得到了我的导师——林木西教授的大力支持，深表谢意！我的每一个成长的脚步，都凝聚着林先生作为学术前辈对晚辈的提携之情，本书成稿也凝聚着林先生的指导血汗！感谢孙绵涛教授、劳凯声教授、高宝立教授、康翠萍教授、吴华教授、陈鹏教授、李华教授、林群教授、黄泰岩教授、李康举教授、杜两省教授、王大超教授、杨林教授、张凤林教授、邵玉教授、马焕灵教授、王学主编、朴雪涛教授主编、宫秀芬主编、李玉恒主编等专家学者，他们多次接受我们研究团队针对公立高校和民办高校产权制度变迁及绩效优化的调查和访谈，并提出了很多很好的建设性建议，让我们茅塞顿开，少走了许多弯路，在此一并表示感谢！

感谢赵德起教授、李文国教授、祁型雨教授、王东教授、邓旭教授、张莉莉教授、贾洪波博士、陈亮博士、丁华博士、何丽双博士、王磊博士、李锦学博士、白云飞博士、王刚博士、李广海博士、袁晖光博士、梁颜鹏博士、王波博士、马喆博士、王璐老师、丁杰老师、张翠华老师……这些好友在高校产权制度绩效的研究过程中的热心帮助和激励让我们特别感动！

感谢张军强、赵丽楠、孔燕、杨燕、赵春芷、姚晓林、管雪钰、刘阁阁、孔含笑、刘欢、梁琦、陈思雨、高昊、何堂坤、马超、马群翔、潘卓、吴思宇、白铭庆、张婷、王凤、周彦竹等硕士生和本科生们，在调研、写作、访谈及校对过程中，他（她）们提供的帮助细致认真，充满激情和智慧！

　　本书为团队智慧的结晶，吴云勇、马会、付静共同协作完成了全书的撰写！

　　在本书出版过程中，也得到了经济科学出版社范庭赫老师、孙丽丽老师的热情帮助。本书写作过程中引用了有关专家学者的相关研究成果，在此一并深表谢意！本书许多观点还带有探究性，不足之处在所难免，也希望得到各位专家的不吝赐教！

吴云勇

2018 年 10 月于辽宁大学崇山校区